# 学び直しの現象学

## 大学院修了者への聞き取りを通して

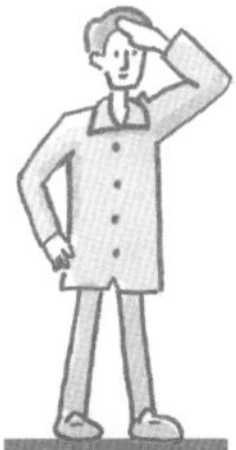

岩崎 久志

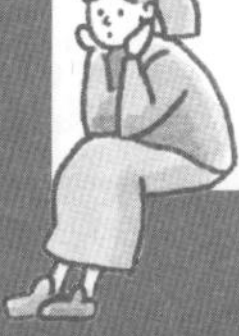

晃洋書房

# はじめに

午後六時前、三々五々と人が集まってくる。ここは教室だ。新しく建てられた、社会人を対象とする大学院専用棟の六階。中高年を中心とする「社会人大学院生」は、そのほとんどが仕事を持ち、仕事を終えてからここにやってくる。

窓の外はまだ初夏の西日が強く射している。仕事に切りをつけて慌てて駆け込んで来る院生たちには、意外に疲れた様子はなく、むしろその表情は晴れやかに見える。それでも特論の授業がはじまる時刻に、全員が揃っていることは稀である。二十数名の履修者のうち、仕事の都合によるのか、五名以上は遅刻の常連だ。それでも、教員は遅刻を咎める様子はなく、なんとなく労うかのように迎え入れている。

院生たちも、今日も仲間が授業に出てこられたことに安堵している、といった感じである。大学院で学び直しをするためには、時間、学費、仕事のやり繰りなど、かなりの資源やコストを費やしていると推測される。それにもかかわらず、社会人大学院生たちは活き活きと「学び直し」をしており、楽しげでさえある。その理由はいったい、どこにあるのだろうか。

本書のテーマは、大学院でのリカレント教育を経験した社会人の、その人にとっての「学び直し」の意味や価値に、現象学的な視点から迫ることにある。

ここでいう現象学的な視点とは、ごく簡単にいうと、私たちの先入観ともなっている自然科学的な見方を自覚し、それがために見えにくくなっている「生きられた経験」に注目し、それがどのような構造をもち、どのような成り立ち方をしているのかに関心を向けるものである。

そのために求められる態度・姿勢として、常識やあたりまえといった既成の枠組み、そして何よりも自身の思い込みにとらわれないことが必要となる。それはたとえば、社会学分野における質的社会調査の「他者の合理性」を明らかにする態度とも近似していると思われる。

具体的には、大学院等でリカレント教育(学び直し)を修了した人を対象に、主に半構造的な面接方法による聞き取りを行った。そこでは、①学び直しの動機とそこに至る経緯、②学び直しの感想と自己変容について、③学び直し後の生活の変化とキャリアへの影響、④学び直しの課題、などについて聞いた。これらの聞き取りにもとづき、各対象者の語りを現象学的な視点から分析し、社会人が大学院で学び直すことの実存的な意義を明らかにしていくことが本書の目的である。

先日、ふと目にした新聞広告に、「『学び直し』が大ブーム! 人生一〇〇年時代を生き抜くカギは『おとなの学び』」といった書籍の宣伝文句があった。このように、最近、「人生一〇〇年時代」という言葉をよく目にするようになった。それは、二〇一六年に出版された英ロンドン・ビジネススクール教授のリンダ・グラットンらによる『ライフ・シフト 一〇〇年時代の人生戦略』という著書による影響が大きいと思われる。ベストセラーとなった同書では、人生一〇〇年時代の到来に備え、複数のキャリアを渡り歩く「マルチステージ」の人生へのシフトが提言されている。そのためには、社会に出てからの学び直しが重要であることが説かれている。

実際、高齢社会の先頭を走るわが国では、すでに生涯を通しての社会人の学び直しのあり方が模索されてきている。たとえば、文部科学省の中央教育審議会においても、わが国の一八歳人口の減少や経済社会の変化等を背景に、社会人の学び直しに関する議論が行われ、大学等における社会人や企業等のニーズに応じた実践的・専門的なプログラム等が創設されている。

しかしながら、社会人の学び直しは、まだ日本で十分に根付いているとは言い難い状況にあり、社会人を取り巻く環境をはじめ、大学等により提供されるプログラムの改善・充実に関する問題など、さまざまな課題が指摘されている。

ただ、日本で社会人が大学院で学び直しをすることは、いまにはじまったことではない。それは現在からさかのぼること約三〇年前、一九九〇年代ごろに実施された大学設置基準の改正によるところが大きい。いわゆる「大学院の大綱化」を中心とする大学院制度の弾力化が節目になったといえる。本書にて聞き取りをした社会人大学院修了者も、そのほとんどが「大学院の大綱化」以降の一九九〇年代から二〇〇〇年代に「学び直し」を経験している。

一方、近年の社会人の学び直しにかかる取り組みは、「職業実践力育成プログラム（BP）認定制度について」［文部科学省 二〇一五a］等に関する資料をみる限り、主に労働生産性の向上を実現するために、新たに必要とされる知識や能力等を身につけていくことを目的とするものであることがうかがえる。

本書では、現象学的な視点から学ぶ側の生涯発達に沿って、すでに大学院等でリカレント教育を修了した社会人六名の「語り」の分析を中心に検討した。そのことを通して、先述のように、社会人が大学院で学び直すことの意味や価値を浮き彫りにし、実存的な意義を明らかにしていくことをめざしている。

また、そこから見えてきたものにもとづいて、学び直し後の生活や効果も視野に入れつつ、官公庁および民間のリカレント教育に関する資料やデータ、また先行研究の知見等も踏まえて、これからの「人生一〇〇年時代」に相応しい学び直しのあり方についても触れたい。ただし、本書は学び直しによってキャリアアップや報酬の増加が見込まれるといった、実益の面から大学院での学び直しを徒に推奨する類のものではないことを、あらかじめ断っておく。

筆者はこれまで、約四半世紀にわたって、広く対人援助者の養成を担いながら、スクールカウンセラーや企業のカウンセラーとして心理臨床に携わってきた。専門領域としては、教育臨床やカウンセリングといった対人援助に関わる分野である。ということで、私は元より哲学や思想を専門とする者ではない。

そのような者が、現象学的な質的研究に挑もうとした理由は、以下の二点である。ひとつ目は、数値の結果だけを示すのではなく、社会人の「学び直し」の意味や価値を明らかにしていく方法として、現象学的アプローチを用いることが最も適切であると考えたからである。そのために本書では、現象学的な質的研究の方法論についても、多くの紙幅を割いて検討している（主に第3章、第4章）。

もうひとつは、筆者自身が、じつは社会人大学院で学んだ経験を持っており、自身の体験に寄り掛かった思い込みにとらわれないことが必要と考えたからだ。冒頭の記述は、私が社会人大学院で学んでいたころを想起し、当時の一場面をイメージしたものである。

生涯学習やリカレント教育、また、アプローチとしての現象学的な質的研究に関心を持っている方、そして社会人大学院等で「学び直し」をしてみようかと考えている人にとって、本書が何らかの触発をもたらすものであるなら望外の幸せである。

学び直しの現象学　目次

# 第1章　社会人と大学院での学び直し

## 1　人生一〇〇年時代と学び直し

### (1) 人生一〇〇年時代がやってくる

最近、「人生一〇〇年時代」という言葉をよく目にするようになった。少子高齢社会といわれて久しい日本だが、いよいよ一〇〇歳まで生きることが珍しくないという、超長寿社会の到来が唱えられるようになってきた。

「人生一〇〇年時代」が人口に膾炙するようになったきっかけは、二〇一六年に刊行された『ライフ・シフト　一〇〇年時代の人生戦略』〔クラットン・スコット　二〇一六〕が大きな反響を呼んだことによる。著者は、英ロンドン・ビジネススクール教授のリンダ・クラットンらである。そこでは、これまでの人生ではごくあたりまえとされてきた「教育→仕事→引退」という三ステージから、複数のキャリアを経験する「マルチステージ」の人生への転換が提唱されている。

背景にあるのは、やはり長寿化の進行による働く期間の延長と、労働人口の減少、ＩｏＴの発達、まだまだ未知数ながらＡＩ（人工知能）の台頭といった労働環境の変化が挙げられる。人生一〇〇年時代を待つまでもなく、すでに終身雇用や年功序列といった旧来の働き方の枠組みは崩れつつある。そのような状況にあって、社会人が新たな専門領域の知識や能力を身につける必要性、すなわち「学び直し」（リカレント教育）の必要性が唱えられるようになってきた。

政府も、二〇一七年の秋には安倍晋三政権が目玉政策のひとつに掲げる「人づくり革命」の一環として、「人生一〇〇年時代構想会議」を設置し、クラットン氏も有識者会議のメンバーに起用されている。同会議において、幼児・高等教育の無償化とともに、改革の柱として議論されているのが、社会に出た者が何度でも学び直せる環境を整備するといった、社会人のリカレント教育だという［『週刊東洋経済』二〇一八年二月二四日号：一六］。

ちなみに、リカレント教育とは、一九七〇年代に経済協力開発機構（ＯＥＣＤ）が提唱し、普及したもので、社会に出てからも学校などで学び、生涯にわたって学習を続ける教育の形態である。リカレントには、「還流」「回帰」などの意味がある。リカレント教育について、あくまで職業上の知識や能力を高めることが目的であり、趣味や教養を深めるという意味での生涯教育とは趣旨が異なるという見解［木村 二〇一九：一五二］もあるが、本書ではとくに区別することなく、リカレント教育も学び直しのひとつのあり方として位置づけることにする。

クラットンらによれば、二〇〇七年に日本で生まれた子どものじつに半分が、一〇七歳まで生きると予想されている［クラットン・スコット 二〇一六：二］。そして、人生一〇〇年時代においては、八〇代くらいまで現役で働き続けることになるとしている。健康寿命がまだ七〇代にとどまっている現時点（二〇二〇年）では、人生一〇〇年時代の到来について、筆者には正直なところ、まだ信じ難いところがある。

しかしながら、たとえば大学卒業後の三年以内に三割近くが離転職している状況をみるだけでも、いまやひとつの分野の知識や能力のみで一生稼げる時代は終わりつつあることは否めないだろう。そうだとすれば、社会人には、ひとつの分野だけではなく、異分野の知識や能力を身につける学び直しがますます必要になる時代がすでにきている、といえるのかもしれない。

### (2) 学び直しの場

クラットンらは、マルチステージ型の人生にシフトすること、すなわち年齢に関係なく教育・仕事・引退を自由に行き来するには、重要な要素がいくつかある、としている。そのなかで、金銭的資産に加えて、家族や友人、知識や技能、健康といった金銭に換算できない「無形資産」の充実を図ることが不可欠と述べている。無形資産はさらに、生産性資産、活力資産、変身資産の三つから構成されており、学び直しをすることは生産性資産に含まれている〔クラットン・スコット 二〇一六：一一九―一三五〕。

では、社会人にとって、学び直しをする場所とは、具体的にどのようなところがあるのだろうか。本書は、大学院でのリカレント教育を経験した社会人の、その人にとっての「学び直し」の意味や価値に、現象学的な視点から迫ることを主眼に置いている。しかし、当然ながら社会人の「学び直し」の場は大学院だけではなく、さらには学校で行われることに限定されるものでもない。

ここでは、代表的な学び直しの場を次のとおりに提示しておきたい。文部科学省は、二〇一五（平成二七）年七月、社会人の学び直しを推進する「職業実践力育成プログラム」（BP）認定制度〔文部科学省 二〇一五a〕を創設している。本制度では、大学、大学院、短期大学、高等専門学校を学びの場と想定しており、それらにおいて社会人や企業等のニーズに応じた実践的・専門的なプログラムを文部科学大臣が認定したもののことを指す。「職業実践力育成プログラム」においては、一二〇時間以上（令和元年より、六〇時間以上に見直し）の大学等の正規課程又は履修証明プログラムであることが認定要件のひとつになっている。「職業実践力育成プログラム」の内容については、次項であらためて取りあげる。

また、文部科学省は、専門学校（専修学校専門課程）についても「職業実践専門課程」として、職業に必要な実践的かつ専門的な能力を育成するとともに、専門学校における職業教育の水準の維持向上を図ることを目的としている。もちろん、学び直しをする方法は、通学だけではなく、通信制の学校やオンラインによる学びもある。また、特定のスキルを磨く学校、六〇歳以上に限定したシニア向けの講座など、いまや多様なチャンネルが整備されてきている。

もうひとつ、従来からある夜間中学や、フリースクールや塾の一部なども、重要な学び直しの場としての機能を担ってきたものであり、ある意味では学び直しの先駆け的な存在といえるのではないか、ということをここで付言しておきたいと思う。

### (3) 職業実践力育成プログラム（BP）の創設

ここでは、社会人の学び直しに関する国の施策として、最も大きな柱といえる職業実践力育成プログラム（BP：Brush up Program for professional）の概要を紹介し、その特徴について若干の検討を加えることとする。

文部科学省のサイト「職業実践力育成プログラム（BP）認定制度について」では、以下のように記述されている［文部科学省 二〇一五a］。

教育再生実行会議「『学び続ける』社会、全員参加型社会、地方創成を実現する教育の在り方について（第六次提言）」（平成二七年三月）を受けて、大学・大学院・短期大学・高等専門学校におけるプログラムの受講を通じた社会人の職業に必要な能力の向上を図る機会の拡大を目的として、大学等における社会人や企業等のニーズに応じた実践的・専門的なプログラムを「職業実践力育成プログラム」（BP）として文部科学大臣が認定することとしました。

これにより、一．社会人の学び直す選択肢の可視化、二．大学等におけるプログラムの魅力向上、三．企業等の理解増進を図り、厚生労働省の教育訓練給付制度とも連携し、社会人の学び直しを推進します。

また、「職業実践力育成プログラム」（ＢＰ）の特色として、次の六点を挙げている［文部科学省 二〇一五a］。

- 週末開講等、社会人が受講しやすい工夫が整備されている。
- プログラムの対象とする職業の種類や修得可能な能力が具体的かつ明確に設定されている。
- 職業に必要な実務に関する知識、技術及び技能を修得できる。
- プログラムの五割以上（目安）が、以下の（一）～（四）のうち二つ以上の実践的な教育方法による授業で占められている。
（一）実務家教員や実務家による授業（専攻分野における概ね五年以上の実務経験）
（二）双方向若しくは他方向に行われる討論（課題発見・解決型学修、ワークショップ等）
（三）実地での体験活動（インターンシップ、留学や現地調査等）
（四）企業等と連携した授業（企業等とのフィールドワーク）

- プログラムの教育内容や設計に、関連分野の企業等の意見を取り入れている。
- 修了者の就職状況や修得した能力等が公表される。

「職業実践力育成プログラム」（ＢＰ）認定制度により、二〇一五（平成二七）年一二月には、制度創設後初となる一二三課程が認定されている（専攻科、別科を含む）。その後、認定を受けたプログラムは増えてきており、文部科学省は二〇一八（平成三〇）年一二月、平成三〇年度「職業実践力育成プログラム」（BP）として、東北大学や大阪大学、早稲田大学などの三二課程を認定している（累計二五二課程）［文部科学省 二〇一八a］。BPのうち、厚生労働大臣が「専門実践教育訓練」として指定した講座は、給付金が支給される。

**図1-1**は、平成二八年度「職業実践力育成プログラム」（BP）にて採択された大学の事例の一部である。

以上のように、国は「職業実践力育成プログラム」（BP）の創設により、社会人になってからの「学び直し」をしやすくするための取り組みを進めている。ただ、その背景には、先述した労働環境の変化に加えて、企業が行う人的資本投資額（直接費用）が一九九〇年代以降は減少傾向にあり、今後は人材育成を企業のみで行うことには限界があるといった事情があると思われる。

ということは、国が進めるリカレント教育の推奨の前提として、日本の労働市場が直面する少子高齢化・人生の延伸、技術革新といった状況に対応するために、労働者の「生産性の向上」を図ろうとしていることも垣間見える。

平成三〇年版「経済財政白書――『白書』：今、Society 5.0 の経済へ――」では、全三章のうち、第二章を「人生一〇〇年時代の人材と働き方」として、その冒頭には、「我が国の労働市場は、人手不足への対応に加えて、技術革新や人口動態の変化といった構造的な課題への対応も同時に迫られている。…［略］…新技術の導入に対応して働き方を見直し、いかに生産性の向上につなげるかといった課題に対応することが求められている。」（傍線は引用者による）と述べられている［内閣府編 二〇一八：一三三］。そのうえで、本白書では、社会人の学び直しの必要性とその効果、課題といったことが定量的な分析を基に整

青山学院大学（私立）　正規課程（修士）　文化

〈総合文化政策学研究科文化創造マネジメント専攻〉

【目的】
文化・芸術の実践的知識を有し，メディア，文化団体，企画，マーケティング等で高度な専門性を発揮する人材を育成．

【プログラムの特徴】
文化芸術分野での広範な専門知識と実践能力，街づくりに関する政策立案ができる能力を修得．特定科目の履修により専門社会調査士，文化交流創成コーディネーターの資格修得が可能．

【対象とする職業分野】
プロデューサー，文化芸術団体等

【受講期間】2年間（希望により3年間）

【社会人の受講しやすい工夫】
夜間・週末開講，長期休暇中の集中講義，長期履修

久留米工業大学（私立）　履修証明　中小企業

〈デジタル時代の機械設計技術者育成講座〉

【目的】
機械工学に基づく設計，適切な加工及び計測による評価を行う能力の育成．デジタル技術を活用できるものづくり能力の修得．

【プログラムの特徴】
機械設計に必要不可欠な工学知識を修得させるとともに，CAD や 3D プリンターによる加工及び精密計測に関する演習を多数実施し，実践的な技能や設計能力を修得．

【対象とする職業分野】
機械設計技術者，CAD オペレーター等

【受講期間】1年間

【社会人の受講しやすい工夫】
夜間・週末開講，WEB テスト

大分県立看護科学大学（公立）　正規課程（修士）　医療

〈看護学研究科博士課程（前期）看護学専攻実践者養成 NP コース〉

【目的】
特定行為の実施ができる特定行為研修を含む NP（診療看護師）養成コースにてプライマリケア領域の診療看護師を育成．

【プログラムの特徴】
医学的基礎知識の学習に加え，演習での事例展開や特定行為のシミュレーショントレーニングを実施．15週間の実習を通じて，実践的な能力を育成．

【対象とする職業分野】看護師

【受講期間】1年間

【社会人の受講しやすい工夫】　夜間開講

山形大学（国立）　履修証明　地方創生

〈食と農のビジネス塾〉

【目的】
農業を志す人材，農業者の優れた経営感覚と販売ノウハウの獲得．アグリビジネス感覚，柔軟な対応力の開発．

【プログラムの特徴】
農業経営のための知識やマネジメント能力を，実地研修，グループ討議，ワークショップ，視察研修，消費者との直接交流である販売実習で修得．最終的にビジネス計画書を作成．

【対象とする職業分野】
農業者，公務員，農業関連団体等

【受講期間】6ヶ月

【社会人の受講しやすい工夫】
週1回（半日）開講，DVD 学習

**図1-1　「職業実践力育成プログラム」（BP）の実例**

出典：文部科学省［2017a: 7］．

理されている。

また、中央教育審議会の制度・教育改革ワーキンググループ（第三回、平成二九年八月二九日）における配付資料「社会人の学び直しの更なる推進に向けて」にも、「急速な経済・社会の変化に応じて、職業や働き方の在り方が様変わりしている中で、生涯を通して社会で活躍し、もって我が国の労働生産性の向上を実現するためには」（傍線は引用者による）との記述があり、それに続いて社会人の学び直しの必要性について言及されている［文部科学省 二〇一七a］。

労働環境の現状や将来展望に思いをめぐらすと、学び直しによって生産性の向上をめざすことは理に適っているといえよう。しかしながら、「生産性の向上」を主な目的に位置づけるとしたら、学び直しがもたら

す多様な意義や価値といった経験の厚みが霞んでしまい、学び直し後の収入や就業確率の増加といった、いわゆる費用対効果の問題に議論が狭められてしまうように思われる。事実、先に触れた平成三〇年版「経済財政白書」では、学び直しの効果が右記のような観点から詳細に分析されている。

しかしながら、「生産性の向上」や経済界の思惑とは別に、自分の仕事や生活を充実させるために、学び直したいと考える人も少なくないのではあるまいか。

学び直しの効果や課題については、あらためて述べる。その前に、本書の主題である社会人大学院をめぐる動向について、次節で触れておきたい。

## 2　社会人大学院の誕生

### (1)　転機としての「大学設置基準の大綱化」

一般に、社会人の学び直しが世間の関心を集めるようになったのは、最近のことのような印象が強いのではないだろうか。確かに、ビジネス雑誌等のメディアで「学び直し」に関連する記事をよく目にするようになったのは、書籍『ライフ・シフト　一〇〇年時代の人生戦略』が刊行された二〇一六年以降かもしれない。

しかし、社会人が大学や大学院で学び直すための門戸を開く契機となったのは、じつはいまから約三〇年近く前に行われた、「大学設置基準の大綱化」およびその前後に実施された大学制度等の改正にまでさかのぼることになる。「大学設置基準の大綱化」とは、一九九一（平成三）年に行われた大学設置基準等の改正を指し、これによって旧文部省の大学に対する規制が大幅に緩和されることとなった。

そこに至る一九八〇年代までに日本の大学進学率は上昇し、それまでの旧制大学を範とする大学制度では多様な社会のニーズに合わなくなってきていたことから、政府の中央教育審議会、臨時教育審議会、大学審議会などは、大学を中心とした高等教育機関の抜本改革を主張し続けてきていた。これらの審議会による答申を受けて、一九八九（平成元）年の大学院設置基準の改正を皮切りに、一九九一（平成三）年の学校教育法の改正、同年の大学設置基準・学位規則の改正等が行われたのである。

「大学設置基準の大綱化」における大学設置基準改正により、たとえば、それまでの学部名称の例示が廃止され、情報、環境、国際、地域、総合といった名称、あるいはこれらの言葉を組み合わせた多彩な名称の学部が新設された。

また、卒業に必要な単位数一二四の枠内で、カリキュラムの科目区分と単位数を各大学が自由に設定できるようになった。これにより、多くの大学で一般教育科目の削減が行われ、国立大学のほぼ全校で「教養部」が廃止された。

この他にも、学校教育法及び学位規則の改正による学士の表記の変更、授業評価や自己評価システムの導入など、「大学設置基準の大綱化」を節目に日本の大学は大きな変革期に入ったといえる。ここでは紙幅の都合でこれ以上詳しくは述べない［＊1］。ただいえるのは、大学院の変革についても、大学と並行して、いやむしろ大学院の方が先行して、その設置に関わる基準が大きく改正されていったということである。それが、大学院の拡充政策によるいわゆる「大学院制度の弾力化」である。

### （2）「大学院制度の弾力化」による社会人への門戸開放

日本の大学院は、一九八〇年代においても戦前からの学部と大学院の一体的な運営の慣行が続いてお

---

＊1　大学設置基準の大綱化については、文部省［一九九一a］を参照のこと。

り、学部とは別個の存在としての大学院のあり方が確立していなかった。そこで臨時教育審議会（一九八四年設置）以来、大学院の拡充に向けた議論が積極的に行われてきていた。そして同審議会による一九八六年の第二次答申にもとづき、この後に設置された大学審議会においても同様に審議され、大学院設置基準が改正された（一九八九年九月）。そこでは、次のような制度の弾力化を行っている［文部省 一九九一b］。

一．博士課程の目的の改正（研究者養成だけでなく社会の各方面で活躍し得る高度な人材の養成を目的とし得ること）

二．大学院入学資格の弾力化（大学に三年以上在学した者の修士課程への入学資格の付与、修士の学位を有しない者の博士課程への入学資格の付与）

三．修士課程の修業年限の弾力化（標準二年とし、最短一年で修了し得ること）

四．独立大学院の組織編制及び施設設備に係る大綱的な基準の制定

五．大学院教員の資格の改正（専門分野について優れた知識経験を有する社会人等の登用）

六．夜間修士課程を設置し得ること

また、これらのような制度の弾力化に当たっては、一方で各大学院の自己評価、各分野における教育研究の相互評価システムが確立されることが必要としている。文部省は、この答申の趣旨を踏まえ、大学院設置基準に各大学院自身による教育研究活動についての自己点検・評価に関する努力規定を盛り込む等の改正を行った。

大学院制度の弾力化によって、社会人が大学院で学び直す機会が増えたことは事実である。図1-2、

図1－3を見ると、大学院設置基準が改正された後に大学院の社会人入学者数が大きく増え、一気にその流れが加速した感がある。平成三年から平成一二年の九年間に修士課程では約五〇〇〇人増加し、入学者全体に占める社会人割合も四％近く伸びて二桁に上っている。博士課程では同期間にじつに約五・四倍も増えている。

またこの間、既存の大学院の側も、社会人が学びやすいような環境の整備を進めていった。いわゆる社会人大学院の整備である。具体的には、一定期間の社会経験等を考慮した入学試験を課す社会人入試を設けていたり、夜間や週末でのカリキュラムを用意していることなどを指す。また、都心に近い駅のそばなど、交通の便の良い場所にサテライトキャンパスを設置するなどして利便性を高めている大学院もある。

なお、本書における社会人大学院とは、入学者を社会人のみに限定している大学院、という意味ではない。また、一部の教職大学院等の他に制度的にそのような大学院研究科があるのかどうか、筆者は寡聞にして知らない。ここでは、原則として社会人入試の設置や長期履修制度の導入など、社会人にも入学の門戸を開いていて、学びやすさへの配慮を行っている大学院を社会人大学院と位置づけることとする。

学位についても、フルタイムで大学院に通学する学生と同様、社会人大学院生もこれを修了すれば修士号や博士号の取得が可能となった。修士課程の場合、修了要件は二年以上の在学と三〇単位以上を修得し、必要な研究指導を受けたうえで修士論文の審査および試験に合格することが条件である。博士課程では三年以上の在学が必須となる。現在、全国の大学院には九万六千人近くの学生が在籍しているが、そのうち社会人の大学院生は約一八・七％を占めている（平成三〇年度）。

通学による学びだけではなく、一九九八（平成一〇）年には通信制の大学院が制度化された。これによ

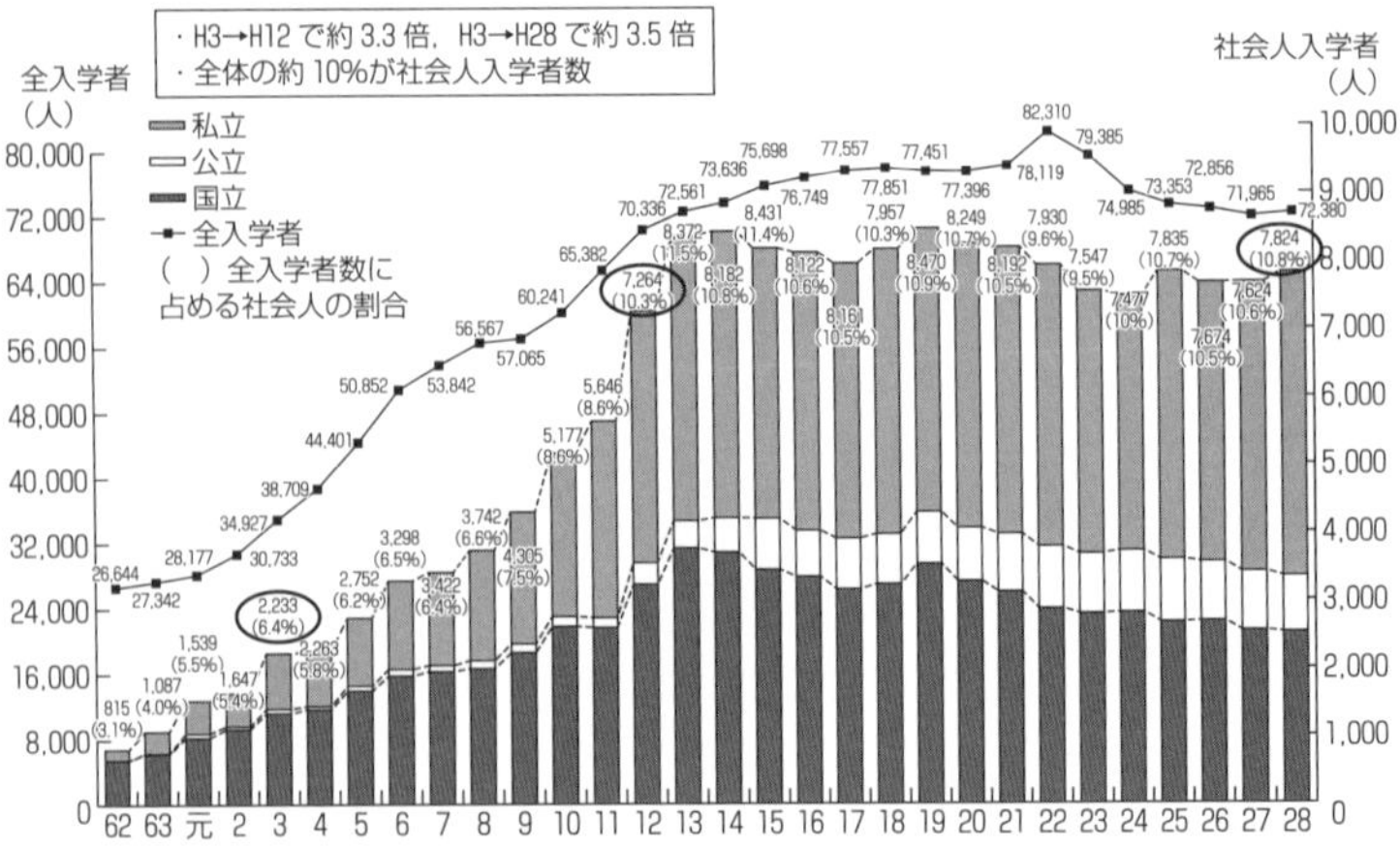


図1-2　大学院の社会人入学者数の推移（修士課程）

出典：文部科学省［2017c: 6］より作成.

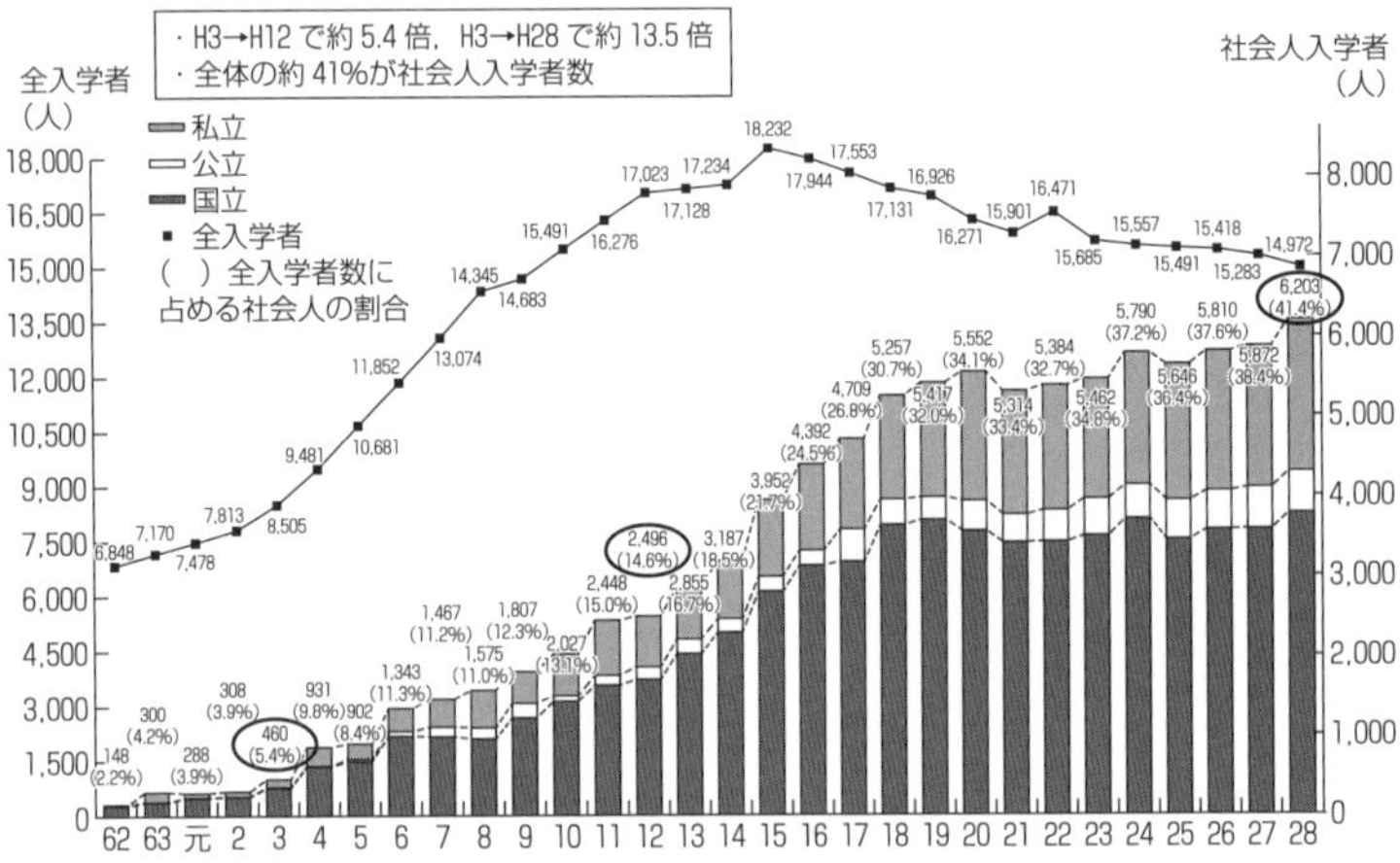


図1-3　大学院の社会人入学者数の推移（博士課程）

出典：文部科学省［2017c: 7］より作成.

り、地理的あるいは時間的制約などから、それまで大学院レベルの学習を希望しても困難であった社会人にも、学び直しの機会が広がったのである。

通信制大学院の授業は、テキストなどによる授業、放送授業、スクーリングによる面接授業、メディアを利用して行う授業の四つがある。テキストなどによる授業は、大学から送付されたテキストなどを学習し、与えられた課題に沿って学習成果をレポート報告して、添削指導と評価を受けるシステムである。

さらに、二〇〇三（平成一五）年には、専門職大学院が制度化された。これは、科学技術の進展や社会・経済のグローバル化に伴う、社会的・国際的に活躍できる高度専門職業人養成へのニーズの高まりに対応するため、高度専門職業人の養成に目的を特化した課程として創設されたものである[＊2]。

ちなみに、大学院に限定しているわけではないが、二〇一五年に「大学等に通う社会人学生」七四八四名を対象にした調査では、大学等で修学する目的（三つまで選択）としては、「現在の職務を支える広い知見・視野を得るため」（五〇・七％）が最も高く、「学位取得のため」（四七・二％）、「現在の職務における先端的な専門知識を得るため」（三六・九％）と続いている［文部科学省 二〇一六］。

### (3) 社会人大学院の現状

文部科学省の学校基本調査、平成三〇年度結果の概要から、社会人大学院の学生についての現状を確認しておく［文部科学省 二〇一八b］。

二〇一八（平成三〇）年度の大学院学生数は計二五万四〇一三人である。その内訳は、修士課程（博士

＊2 専門職大学院制度のより詳しい内容については、文部科学省［二〇一九］を参照のこと。

前期課程の一・二年次の課程を含む。以下同じ）は一六万三一〇〇人、博士課程（博士後期課程の三・四・五年次の課程及び医歯学、薬学及び獣医学関係の四年一貫制課程を含む。以下同じ）は七万四三六七人、専門職学位課程は一万六五四六人となっている（表1－1参照）。

専攻分野別大学院学生の構成比率をみると、修士課程では、「工学」が四一・〇％で最も高く、次いで「社会科学」（一〇・〇％）、理学（八・九％）等の順である。博士課程では、「医・歯学」が二九・一％で最も高く、次いで「工学」（一七・一％）、「社会科学」（七・九％）等の順である。専門職学位課程では、「社会科学」が六八・九％で最も高く、次いで「教育」（一六・三％）等の順となっている（表1－2参照）。

また、大学院学生のうち、「社会人」（平成三〇年五月一日現在、①職に就いている者、②給料、賃金、その他の経常的な収入を得る仕事から既に退職した者及び、③主婦・主夫）は修士課程では一万九七〇三人（男子一万六九人、女子九六三四人）で、学生数に占める割合は一二・一％、博士課程では三万二五九五人（男子二万一七八五人、女子一万八一〇人）で、学生数に占める割合は四三・八％、専門職学位課程では八六三七人（男子六一五二人、女子二四八五人）で、学生数に占める割合は五二・二％である。これを専攻分野ごとに「社会人」の占める割合をみると、修士課程では、「社会科学」が三八・七％で最も高く、次いで「医・歯学」（三二・九％）であり、博士課程では「医・歯学」が六四・二％で最も高く、次いで「教育」（四六・九％）であり、専門職学位課程では「工学」が八〇・〇％で最も高く、次いで「医・歯学」（六三・八％）である（図1－4参照）。

平成三〇年度の大学院への入学者数は、修士課程では七万四〇九一人（男子五万一六〇六人、女子二万二四八五人）で前年度より六五〇人増加しており、博士課程では一万四九〇三人（男子一万一六六人、女子四七三七人）で前年度より一三七人増加、専門職学位課程では六九五〇人（男子四七二三人、女子二二二七人）で、前年度より七三人増加している。

## 表1-1　学生数（大学）

（単位：人，%）

| 区　分 | 計 (a) | うち学部 | うち大学院 (b) | うち社会人 (c) | うち女子 (d) | 社会人の占める割合 c/b | 女子の占める割合 d/a | 国　立 | 公　立 | 私　立 |
|---|---|---|---|---|---|---|---|---|---|---|
| 平成20年度 | 2,836,127 | 2,520,593 | 262,686 | 53,667 | 1,140,755 | 20.4 | 40.2 | 623,811 | 131,970 | 2,080,346 |
| 25 | 2,868,872 | 2,562,068 | 255,386 | 55,355 | 1,216,012 | 21.7 | 42.4 | 614,783 | 146,160 | 2,107,929 |
| 26 | 2,855,529 | 2,552,022 | 251,013 | 56,074 | 1,220,091 | 22.3 | 42.7 | 612,509 | 148,042 | 2,094,978 |
| 27 | 2,860,210 | 2,556,062 | 249,474 | 57,289 | 1,231,868 | 23.0 | 43.1 | 610,802 | 148,766 | 2,100,642 |
| 28 | 2,873,624 | 2,567,030 | 249,588 | 58,806 | 1,247,726 | 23.6 | 43.4 | 610,401 | 150,513 | 2,112,710 |
| 29 | 2,890,880 | 2,582,670 | 250,891 | 59,635 | 1,263,893 | 23.8 | 43.7 | 609,473 | 152,931 | 2,128,476 |
| 30 | 2,909,159 | 2,599,684 | 254,013 | 60,935 | 1,280,406 | 24.0 | 44.0 | 608,969 | 155,520 | 2,144,670 |

注：「学生数」には，学部学生・大学院学生のほか，専攻科・別科の学生及び科目等履修生・聴講生・研究生を含む．
出典：文部科学省［2018b: 1］．

## 表1-2　関係学科・専攻分野別学生数の比率の推移（大学院）

（1）大学院修士課程　（単位：%）

| 区　分 | 専攻分野別学生の構成比 | | | | | | | | | | |
|---|---|---|---|---|---|---|---|---|---|---|---|
| | 計 | 人文科学 | 社会科学 | 理学 | 工学 | 農学 | 医・歯学 | 薬学 | 家政 | 教育 | 芸術 | その他 |
| 平成20年度 | 100.0 | 7.8 | 11.3 | 8.3 | 39.5 | 5.5 | 1.1 | 3.2 | 0.6 | 6.9 | 2.6 | 13.2 |
| 25 | 100.0 | 7.1 | 10.7 | 8.5 | 41.5 | 5.5 | 1.0 | 1.3 | 0.6 | 6.4 | 2.6 | 14.8 |
| 26 | 100.0 | 7.2 | 10.4 | 8.5 | 41.6 | 5.4 | 1.0 | 1.3 | 0.6 | 6.3 | 2.6 | 15.0 |
| 27 | 100.0 | 7.1 | 10.2 | 8.5 | 41.8 | 5.4 | 1.0 | 1.3 | 0.6 | 6.2 | 2.6 | 15.3 |
| 28 | 100.0 | 6.8 | 10.0 | 8.5 | 41.4 | 5.5 | 1.0 | 1.3 | 0.5 | 5.8 | 2.6 | 16.4 |
| 29 | 100.0 | 6.6 | 9.9 | 8.6 | 40.9 | 5.5 | 1.1 | 1.4 | 0.5 | 5.4 | 2.6 | 17.5 |
| 30 | 100.0 | 6.3 | 10.0 | 8.9 | 41.0 | 5.4 | 1.0 | 1.4 | 0.5 | 5.2 | 2.7 | 17.6 |

（2）大学院博士課程　（単位：%）

| 区　分 | 専攻分野別学生の構成比 | | | | | | | | | | |
|---|---|---|---|---|---|---|---|---|---|---|---|
| | 計 | 人文科学 | 社会科学 | 理学 | 工学 | 農学 | 医・歯学 | 薬学 | 家政 | 教育 | 芸術 | その他 |
| 平成20年度 | 100.0 | 10.1 | 9.9 | 7.2 | 18.5 | 5.5 | 26.7 | 1.8 | 0.5 | 2.7 | 1.1 | 16.0 |
| 25 | 100.0 | 8.5 | 8.8 | 7.0 | 18.3 | 5.0 | 27.7 | 2.5 | 0.3 | 3.0 | 0.9 | 18.0 |
| 26 | 100.0 | 8.3 | 8.7 | 7.1 | 18.0 | 4.9 | 27.7 | 2.8 | 0.3 | 3.1 | 0.9 | 18.0 |
| 27 | 100.0 | 8.1 | 8.5 | 7.0 | 17.9 | 4.9 | 27.8 | 3.2 | 0.3 | 3.1 | 1.0 | 18.4 |
| 28 | 100.0 | 7.9 | 8.3 | 6.8 | 17.6 | 4.8 | 28.1 | 3.3 | 0.3 | 3.1 | 1.0 | 18.9 |
| 29 | 100.0 | 7.7 | 8.1 | 6.6 | 17.2 | 4.8 | 28.6 | 3.2 | 0.3 | 3.1 | 0.9 | 19.6 |
| 30 | 100.0 | 7.3 | 7.9 | 6.4 | 17.1 | 4.7 | 29.1 | 3.2 | 0.3 | 3.2 | 0.9 | 19.9 |

（3）大学院専門職学位課程　（単位：%）

| 区　分 | 専攻分野別学生の構成比 | | | | | | | | | | |
|---|---|---|---|---|---|---|---|---|---|---|---|
| | 計 | 人文科学 | 社会科学 | 理学 | 工学 | 農学 | 医・歯学 | 薬学 | 家政 | 教育 | 芸術 | その他 |
| 平成20年度 | 100.0 | 0.7 | 90.7 | — | 1.0 | — | 0.6 | — | — | 3.1 | — | 3.9 |
| 25 | 100.0 | 1.3 | 79.8 | — | 1.7 | — | 0.6 | — | — | 8.8 | — | 7.8 |
| 26 | 100.0 | 1.4 | 78.0 | — | 1.9 | — | 0.7 | — | — | 9.4 | — | 8.5 |
| 27 | 100.0 | 1.4 | 76.9 | — | 2.0 | — | 0.8 | — | — | 10.3 | — | 8.7 |
| 28 | 100.0 | 1.4 | 74.5 | — | 2.2 | — | 0.8 | — | — | 12.7 | — | 8.4 |
| 29 | 100.0 | 1.5 | 71.1 | — | 2.2 | — | 0.7 | — | — | 15.3 | — | 9.2 |
| 30 | 100.0 | 1.4 | 68.9 | — | 2.3 | — | 0.8 | — | — | 16.3 | — | 10.3 |

出典：文部科学省［2018b: 3］．

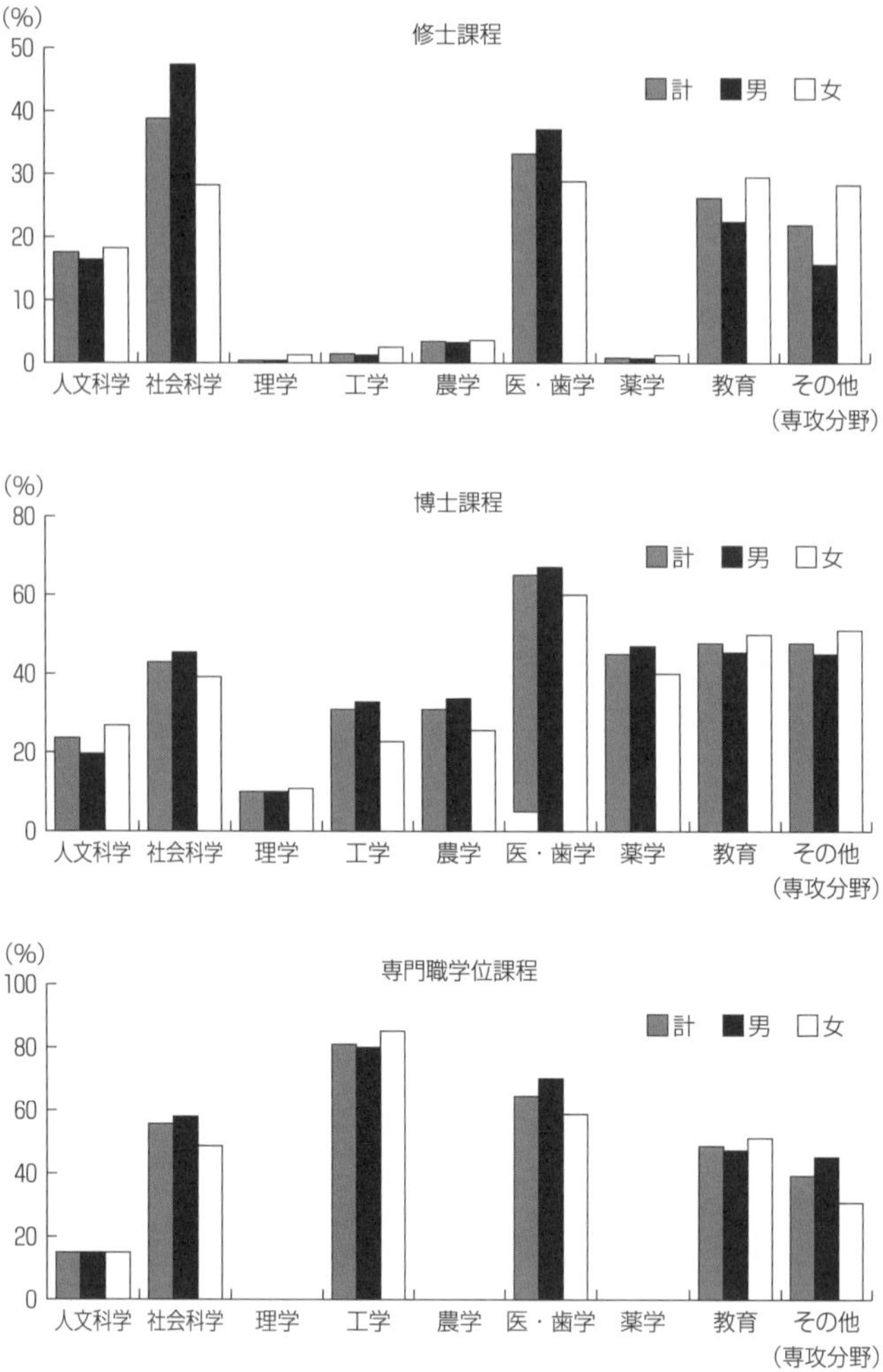


図1-4　専攻分野別社会人学生の構成比（大学院）

注：「その他」には学科系統分類における「その他」の他，医・歯・薬学を除く「保健」「商船」「家政」「芸術」を含む（以下同じ）.

出典：文部科学省［2018b: 4］より作成.

表1-3　入学状況の推移（大学，大学院）

（単位：人，%）

| 区分 | 学部入学状況 | | | | | | | 大学院入学者数 | | | | | | | |
|---|---|---|---|---|---|---|---|---|---|---|---|---|---|---|---|
| | 入学者数 | | | | 自県内入学率 | | | 修士課程 | | 博士課程 | | 専門職学位課程 | | | |
| | 計 | 国立 | 公立 | 私立 | 計 | 男 | 女 | | うち社会人 | | うち社会人 | | うち社会人 | うち法科大学院 | うち教職大学院 |
| 平成20年度 | 607,159 | 102,345 | 27,461 | 477,353 | 41.2 | 39.6 | 43.3 | 77,396 | 8,249 | 16,271 | 5,552 | 9,468 | 3,794 | 5,393 | 641 |
| 25 | 614,183 | 100,940 | 30,044 | 483,199 | 42.3 | 40.4 | 44.8 | 73,353 | 7,835 | 15,491 | 5,646 | 7,208 | 3,099 | 2,698 | 802 |
| 26 | 608,247 | 100,874 | 30,669 | 476,704 | 42.1 | 40.0 | 44.9 | 72,856 | 7,674 | 15,418 | 5,810 | 6,638 | 2,983 | 2,270 | 771 |
| 27 | 617,507 | 100,631 | 30,940 | 485,936 | 42.5 | 40.4 | 45.1 | 71,965 | 7,684 | 15,283 | 5,872 | 6,759 | 3,306 | 2,185 | 874 |
| 28 | 618,423 | 100,146 | 31,307 | 486,970 | 42.5 | 40.4 | 45.1 | 72,380 | 7,824 | 14,972 | 6,203 | 6,867 | 3,522 | 1,846 | 1,217 |
| 29 | 629,733 | 99,462 | 31,979 | 498,292 | 42.8 | 40.6 | 45.3 | 73,441 | 7,842 | 14,766 | 6,111 | 6,877 | 3,573 | 1,706 | 1,352 |
| 30 | 628,821 | 99,371 | 33,073 | 496,377 | 42.8 | 40.5 | 45.6 | 74,091 | 7,930 | 14,903 | 6,368 | 6,950 | 3,651 | 1,624 | 1,370 |

出典：文部科学省［2018b: 5］.

入学者における社会人の割合をみると、修士課程では七九三〇人（一〇・七％）、博士課程では六三六八人（四二・七％）、専門職学位課程では三六五一人（五二・五％）となっている（表1－3参照）。

## （4）大学院制度の弾力化によって学び直す機会を得たAさん

ここでは、大学院制度の弾力化があったからこそ、大学院で学び直すことができたというAさんへの聞き取りから、その語りの内容を少し紹介してみたい。Aさん（男性）は大学を卒業後、関西のある自治体の公務員となった。Aさんが大学院にて学び直しをしたのは一九九五年からの二年間（修士課程）であり、社会人となって約二〇年が過ぎたころで、当時の年齢は四〇代半ばだった。

A：私は大学を出まして、新卒で市役所に勤務することになりました。で、最初は公衆衛生の関係の仕事をしていたのが一〇年ほど。子どもの予防接種とか伝染病とかそういうふうな公衆衛生の関係をしてたのですけども、一〇年経って初めて異動になりました。その異動になったのが福祉課というところで、その業務というのは、生活保護の業務で、ケースワーカーをやってくださいということで。まあ、あの、世間一般ではちょっとケースワーカーの仕事、みんな忌み嫌うというか、まあそういうふうな仕事でしたので。

私、もともと大学は法学部出身なので、福祉なんかまったくわからなくて。そういうのは福祉の勉強していないのに何でこんな仕事ができるのだろう、というような疑問を持ちながら、毎日が悪戦苦闘の日々で仕事をこなしていました。私、ケースワーカーは五年しか経験しておりません。で、丸五年経ってケースワーカーを管理監督する仕事である、査察指導員というのを一係員の職員のままで内示を受けまして。で、こんなんでやっていけるのかなという疑問があって…。

福祉とはもうまったくわからないままにやっていました。で、それで査察指導員になって、二、三年経ってからですね、なかなかこういう、対人援助ていうか、ケースワーカーさんへの支持的機能とか。そういうふうなことをやっていかなくてはならないと。で、ケースワーカー自身が困っているのをどうしていったら良いのかと考えるようになりました。そんな時期に、ちょうど、新聞を見たら文芸欄に社会人大学院の記事が載っていましてですね。で、そのなかで（大学院が主催する）シンポジウムが開催されるということで参加することになった。そのときのシンポジストの一人が当時の○○大学大学院（修士課程）の一年目の人でしたね、その人の話を聞いて、まあ働きながら大学院へ行けるのかということで。**もともと私も大学出たときに大学院は行きたいなという憧れ的なものを持っていた**のですけれど、就職をしたから。で、それでそういうことは勤めて一〇年以上経っていましたから、全然考えてなかったのですけども、**社会人でも行けるということで。で、募集要項をさっそく取り寄せてですね。**

（中略）

そこの大学院のコンセプトが福祉だけじゃなくて、教育と心理とまあ三本柱で、臨床教育学ということで、新たな分野の開拓でもあり、他にはない研究分野ということで、入学を決めた…。（太字による強調は引用者による）

Aさんが社会人として大学院で学び直すことが叶ったのは、それ以前に大学院制度の弾力化が行われていたからといえるだろう。大学院制度の弾力化によって、先に挙げた大学院設置基準の改正がなされていなければ、Aさんが社会人大学院の「募集要項をさっそく取り寄せて」ということはなかったであろう。

Aさんが学び直しをした大学院は、主に社会人を対象にした夜間修士課程の独立大学院である。

Ａ：で、出願したまではよかったのですけども、**応募者が非常に多かった**。二期生になるんですかね、平成六年開設ですから。私が平成七年に〇〇大学院に入学したのが、阪神淡路大震災があった年でした。当時**まあ相当な倍率があって**、それはもう私は少しも勉強もしてなかったし、まあ入学できるとは思ってなかったのですけども、運がよかったのか合格して、入学ということになったんですけども。

（強調は引用者）

また、右記のAさんの語りには、当時の社会人大学院への志願者の多さに触れられているが、そこからも、約四半世紀前に、すでに学び直しに対する社会人のニーズが高かったことがうかがい知れる。

## 3　学び直しの効用と課題

### （1）学び直しの効用

社会人は学び直すことによって、どのような実益や実利を得ることができるのだろうか。と、記してはみるものの、本書ではそのような点にはあまり重きを置いていない。むしろ筆者個人としては、正直なところあまり興味がない。それは、第1節でも述べたように、「生産性の向上」と関連づけた費用対効果といったことで量られるとしたら、学び直しがもたらす多様な意義や価値といった経験の厚みが霞んでしまうからである。

そこでここでは、先に触れた平成三〇年版「経済財政白書」にて示されている、学び直しの効果に関する量的データを使った分析結果から引用し、その概略を紹介しておくことにとどめたいと思う。なお、本白書における「学び直し」とは、大学院での学びだけではなく、大学や専門学校等への通学、通信教育やオンライン講座の受講、セミナーへの参加、さらに書籍による独学など、さまざまな方法が含まれている。したがって「自己啓発・学び直し」の効果といったように併記されている。

先に結論を示すと、(学び直しを含む)「自己啓発が労働者に与える効果として、労働生産性が上昇することで、賃金が上昇する効果や、非就業者の就業確率が上昇する効果等が考えられる」としている［内閣府編 二〇一八：一七八］。

「経済財政白書」での分析方法は、三〇歳以上の男女を対象に、学歴・年齢・世帯年収・世帯構成・就業形態等の個々人の属性から、自己啓発を行った人と、同様の属性をもっているが自己啓発を行わなかった人をマッチングさせ、一—三年後に両者にどの程度の差が生じているかを分析している［同書：一七八—一七九］。

まず、年収に与える効果の推計効果をみると、自己啓発・学び直しを行った人としなかった人の年収変化の差額は、一年後には有意な差はみられないが、二年後では約一〇万円増、三年後では約一六万円増で、それぞれ有意な差がみられている。そこから、自己啓発・学び直しの効果はすぐには年収には現れないが、ある程度のタイムラグを伴いつつ効果が現れると考えられる。

次に、就業確率を高める効果をみると、非就業者が自己啓発・学び直しを実施すると、就職できる確率が、一〇―一四％増加することが示唆されている。年収の場合と異なり、一年後から有意な関係がみられることから、現在労働市場に参加していない人は、自己啓発・学び直しを行うことで、就職できる確率をすぐにでも高めることができると考えられる［同書：一七八―一七九］。

また、自己啓発・学び直しには、先述のようにさまざまな方法があることから、①通学（大学、大学院、専門学校、公共職業訓練等）、②通信講座（通信制大学を含む）の受講、③その他（書籍での学習、講演会、セミナー、社内の勉強会等）の三種類に分けてその効果を推計している［同書：一八〇］。

右記の方法別に二年後における年収への影響をみると、自己啓発・学び直しを行わなかった人と比較して、①二九万円、②一六万円、③七万円、といずれも年収が増加したとの結果が得られた。就業確率に与える影響（一年後）については、①と③が有意でプラスとなっている。とくに、①通学においては就業確率が約三六％も高くなるとの結果であり、非常に効果が高いことがうかがわれる。専門性の高い職業に移動できる確率を高める効果（一年後）では、①通学で約七％、その他で約三％有意で高くなっている。これらから、通学による学び直しはすべての項目において有意に効果が大きいことがわかる。

## （2）学び直しの課題

第1章の最後に、社会人が学び直しを行うに当たっての課題に触れておく。前項において、大学等での通学による学び直しが収入や就業確率を高めるうえで優位であることが示された。これらのメリットがあるからということに限らず、社会人が通学によって学び直しを行いやすい環境を整備することは重要な課題であるといえるだろう。

しかしながら、現状は、日本において通学等で学び直しを行っている人の割合は、他国と比べて少ないという。二五―六四歳のうち大学等の機関で教育を受けている者の割合をＯＥＣＤ諸国で比較すると、日本の割合は二・四%と、英国の一六%、アメリカの一四%、OECD平均の一一%と比較して大きく下回っており、データが利用可能な二八カ国で最も低い水準となっている（Education at a Glance 2017）［同書：一八三］。

では、日本において学び直しが進んでいない背景にはどのようなことが考えられるだろうか。学び直しを行ったことのない社会人に対してのアンケート結果において、学び直しを行わない理由のうち回答割合の多い上位五項目をみると、①費用が高すぎる（三七・七%）、②勤務時間が長くて十分な時間がない（二二・五%）、③関心がない・必要性を感じない（二二・二%）、④自分の要求に適合した教育課程がない（一一・一%）、同率で、④受講場所が遠い（一一・一%）、となっている［文部科学省 二〇一六］。

また、社会人が学び直しに対してこのような障害を感じる要因のひとつとして、学び直しに対応した授業科目の開設を行っている大学が少ないことが挙げられる、といった指摘もある［＊3］。ただ、学び直しに対応した授業科目とはどのようなものなのか。それが「生産性の向上」に資するものかどうかで判断されてしまうとしたら、私には遅かれ早かれ、学ぶ喜びを奪っていく基準になりかねないと危惧されるのだが、いかがだろうか。

＊3　たとえば、文部科学省［二〇一七b］など。

# 第2章　本書における現象学的視点

本書は、大学院でのリカレント教育を経験した社会人の、その人にとっての「学び直し」の意味や価値を、現象学的な質的研究を通して明らかにしようと試みるものである。

しかしながら、筆者は哲学・思想の専門家ではない。もしも筆者の現象学に対するとらえ方が、当該領域の専門家の共通理解とズレているとすれば、現象学的視点とはいうものの、そもそもピントが合わなくなってしまうおそれがある。そこで本章では、本書における現象学の概念とそれにもとづいた研究方法について整理しておくことにしたい。

まずは、筆者の理解する現象学とはどのようなものか、その概要を提示しておく。次に、フッサール現象学における認識に関わる理論の柱といえる、確信成立の条件の解明について確認する。そして、それらを踏まえて、「学び直し」の意味や価値を明らかにするための、現象学的な質的研究の意義について検討する。

## 1　現象学の概念

### (1) 筆者のとらえる現象学の概念

現象学(Phenomenology)[*1]とは、一八世紀にヴォルフ学派のもとでギリシア語のphainomenonとlogosの二語を合成して造られた言葉である。今日一般には、二〇世紀初頭フッサール(Edmund Husserl, 1859-1938)によって提唱された哲学的立場を指す。彼は、あくまで意識に与えられる現象のうちに踏みとどまり、その内的構造の記述を試みようとする自分の立場を「現象学」と呼んだ。

フッサールはまた、「客観的世界」の存在を無条件に前提にし、おのれ自身の意識をもその内容の一領域とみる独断的な態度、常識と個別科学とが共有しているこの態度を「自然的態度」と呼び、これを停止し、その「世界定立」の働きを遮断する方法的操作を「現象学的還元」と呼んだ。この操作によってわれわれは、おのれ自身に明証的に与えられている意識体験を、もはや世界的内部過程としてではなく、その世界をも含めて一切の存在者の存在意味がその意識のされ方から一義的に解明されうる「超越論的」な場とみなし、その包括的な記述をめざしうることになる。

彼はこの「超越論的現象学」によって、当時——近代の物理科学から借り入れた——その実在論的前提のゆえに袋小路に入りこんでいた人間諸科学に根本的な方法論的改革の道を指示できると考えたのである。

その後、一九三〇年代に入り、ドイツではナチス政権下で哲学研究が絶滅に瀕するころ、現象学はサルトルやメルロ＝ポンティら若い世代によってフランスへ移植され、独自の方向に展開されることになる。メルロ＝ポンティ(Maurice Merleau-Ponty, 1908-1961)は、現象学とは「本質の研究であって、一切の問題は、現象学によれば、結局は本質を定義することに帰着する」とし、また同時に「本質を存在へと連れ戻す哲学でもあり、人間と世界とはその『事実性』から出発するものだと考える哲学である」とも述べている［メルロ＝ポンティ 一九六七：一］。

松葉祥一は、現象学はフッサール以後、その後継者たちによってさまざまなバリエーションが生まれたが、基本的な発想はフッサールに由来している、と述べている［松葉 二〇一四a：八―九］。本書においても、現象学とは「あらゆる学問の基礎をつくる」という意志にもとづき、二〇世紀初頭にドイツの哲学者フッサールの提唱によってはじまった哲学的立場を踏襲することとしたい。フッサール以降、現象学はハイデガーやメルロ＝ポンティらに受け継がれて、現代哲学の一潮流をなすにいたる。

しかし、一九八〇年代から二〇世紀末くらいまでの一時期、ポストモダン思潮の興隆のなか、現象学は時代遅れの形而上学のように扱われていたこともあった［＊2］。そして今日、ものごとの「本質」を問う哲学として、再び注目されるようになっているのである。

わが国において現象学が最初に紹介されたのは、一九一一年、哲学者の西田幾多郎によるとされる。対人援助の領域では、まず一九六〇年代に看護界への導入が試みられている。しかしながら、量的研究の席捲によるものであろうか、その後しばらくは日本の看護界において現象学という言葉が取りあげられることはほとんどなく、再び現象学への関心が高まるのは一九九〇年代に入ってからのことである［渡邉ほか 二〇〇四：四三一―四四二］。そして近年、再び現象学的方法をとり入れた研究は活発に進められ

＊1 本項における現象学に関する解説、特に歴史的経緯とフッサール現象学の枠組みの記述は、木田［一九八九：二九四―二九五］から抜粋し、一部を改編した。したがって、筆者の現象学に対する理解は、基本的に当該文献（事典）の記載内容に拠っている、というより「筆者はそう学んだ」ということになる。

＊2 本書の Episode 1「私と現象学の出会い」（四四―四五頁）を参照願いたい。

ており、看護以外の対人援助領域にも広がってきている。

### （2）現象学における認識の特徴

竹田青嗣は、フッサールの現象学に関する一般の解説書には定型があるとしている。そこでは、フッサールがはじめ数学の基礎づけという問題から出発し、つぎに論理学における膨大な議論を経て、「現象学的還元」の概念を打ち出し、他我の問題や発生的現象学を論じ、晩年の近代合理主義世界観の成立を説いた『ヨーロッパ諸学の危機と超越論的現象学』〔フッサール　一九九五〕へといたる経緯などが述べられているという。そして、「この長い道すじの議論を追うだけでも大変ですし、現象学批判を含めそこにさまざまな議論がからんでいますから、それらを整理するだけでも大仕事です」と述べている〔竹田　二〇〇四：一七〕。

そこでここでは、現象学における方法論の核心部分として、フッサールの現象学のなかの「認識の可能性の原理」について、確認しておくこととする。これは、「あたりまえ」とされる物事に対して、どのように対峙するかということと密接に関わっている。

田口茂は、現象学を「自明なものの学」として、フッサールは「自明」なもの、あまりにも「あたりまえ」であるがゆえに、ふだんわれわれが問おうともしないものこそ、現象学があえて問おうとするものであるとしている。そして、「つまり現象学は、『あたりまえのこと』をあたりまえに前提とした上で、『あたりまえでないこと』、驚くような新奇な知見を求めるのではない。この点で現象学は、科学と異なる性格をもつ（ただし、現象学は、反科学的ではない）。」と指摘している〔田口　二〇一四：一四―一五〕。

また、竹田は、フッサール現象学における根本の原理として、「いつのまにかでき上がっている常識的な世界像を絶えず疑い直すような思考の一技術を意味する」と述べている。さらに、現象学的な思考法により、たとえば「Aこそ正しい学問だ」といった確信を括弧に入れて戦略的に「判断中止」し、そのうえで、確信がなぜ、どのような経験により生じてきたのかを問う「還元」を行うことになる。そして「還元」とは、「確信の成立条件を解き明かしていく」ことだとしている［竹田 一九九〇：八九］。

これらの指摘は、「学び直し」のような「生きられた経験」の諸相を明らかにしていくうえで、とても重要な手掛かりとなるものであり、しかも哲学の専門用語が日常語にまるで翻訳されたかのようなわかりやすさを感じる。哲学の専門家ではない筆者にも、普遍性の高い認識の原理として受けとることができるように思われる。また、ここに示された認識の道筋を通して、研究者は、自分自身の拠って立つ価値観や信念がどのように成立したのかを、あらためて問う姿勢を身につけることで、多少大げさな言い方かもしれないが、ようやく他者を理解する営みの大地に立つことを許されるのではないかと感じるものである。

メルロ＝ポンティの現象学的方法についても少し触れておきたい。そこでは認識にとって、対話の経験の重要性が示されている。メルロ＝ポンティによれば、「対話の経験においては、他者と私とのあいだに共通の地盤が構成され、私の考えと他者の考えがただ一つの同じ織物を織り上げる」［メルロ＝ポンティ 一九七四：二一九］としている。

西村ユミは、メルロ＝ポンティの言葉を受けて、「こうした『対話』への参加によって私たちは、自分自身から解放され、さらに自分が抱いていることさえ知らなかったような考えを引き出したりもするのである」と述べている［西村 二〇〇一：二一〇］。ここでも、「あたりまえ」を見直す視点が重視され、それに資するための他者との関わり（対話の経験）の重要性が提示されている。

以上のように、筆者の理解する現象学とは、基本的枠組みとして、主にフッサールの現象学に拠りつつ、わが国の現象学者のなかでも竹田による現象学の考え方から大いに影響を受けているといえる。それに加えて、後述する現象学的質的研究とも関連するが、看護をはじめとする対人援助の分野で近年取り組まれているケアの現象学[＊3]による知見が、筆者の研究方法において重要な参照軸となっている。

## 2　確信成立の条件の解明について

### (1)「現象学的還元」と「本質観取」

前節にて、現象学における方法論の核心部分として、フッサールの現象学における「認識の可能性の原理」について触れた。フッサールは、「主観・客観の一致」の難問としての認識問題の謎を解明するために、「自然的態度」をいったん停止して「事象そのものへ」、すなわち「直接経験」へ還ることを唱えた。そのことを「現象学的還元」と呼んだ。

フッサールは、私たちの日常的なものの見方は、自然科学的な「自然的態度」に支配されているという。「自然的態度」を私たちがとってしまうのは、世界が存在すること、つまり客観的な対象が存在することを前提にしてしまう傾向を私たちがもっているからである。しかし、世界が私たちの主観から独立して客観的に存在するとは言い切れない。したがって、厳密には客観的な対象が実在することを証明することはできない。そこで、フッサールは、「直接経験」へ還ることを唱えたのである。そのことを「還元」(reduction)と呼んだ。また「還元」のことを、「判断停止(エポケー)」とも呼んでいる。

フッサールの現象学の方法をあらためて簡明に示すならば、「主観・客観の一致」の難問としての認識問題の謎を解明するために、二段階の方法原理があるといえる。それはまず、「現象学的還元」を行うことである。そして次に、「現象学的還元」によって立ち戻った直接の意識体験について、「本質観取」を行うことになる。

「直接経験」に還るための方法としての「現象学的還元」は、おのれの意識の外部に事物が実在していると信じる「自然的態度」を保留し、おのれの視点を意識の内部に引き戻す。事物が意識の外に存在していると信じることが、どのようにすれば可能かを問う態度のことを「超越論的態度」といい、「自然的態度」の対概念とされる。したがって、「現象学的還元」とは、「自然的態度」から「超越論的態度」への態度変更をも意味する。

二つ目の方法の柱である「本質観取」には、現象としての意識体験からことがらの本質を取り出すという意味がある。つまり「本質観取」とは、「超越論的態度」への態度変更によって何ものかが存在するという確信が成立したとするなら、それはどのような条件で主観（意識）のうちに構成されるのか、共通の構造を取り出すことを意味している。

また、ここでいう現象とは、事物知覚の対象存在に限定するものではない。たとえば「時間」や「死」といった概念[*4]、そして「なつかしさ」「くやしさ」などの感情といった心的なものも含まれる。

フッサール自身は、「直接経験」において外部世界が実在するという確信がどのように生まれるかという問いに答えるために、まずはこの「直接経験」を記述することからはじめる、としている。現象学を用いた「生きられた経験」の質的研究（現象学的アプローチ）において、この記述に相当するのが、たとえば対象者へのインタビューなどで得られたテクスト・データとしての「語り」である。その記述を精読し、明示されたメッセージだけではなく、隠れている意味も含めて、語りに現れるあらゆるものから、直観、分析、記述という三つのプロセスを通して「生きられた体験」の本質をつかもうと試みることに

---

＊3　たとえば、西村［二〇〇一；二〇〇七；二〇一四］、榊原［二〇一八］など。
＊4　「時間」および「死」の概念に関する代表的な分析の例として、ハイデガーは『存在と時間』［二〇〇三］で本質観取の方法を応用して卓越した人間分析（現存在分析）を行っている。

なる。

## （２）本質観取の実際例

ここではまず、フッサール自身が例として挙げている記述から紹介する。フッサールは、『デカルト的省察』において、ある机について「本質観取」にいたる知覚について以下のように述べている。

「その机の形や色などを、それらが知覚的現象であるという点だけを同一なこととして保持しながら、想像によってまったく任意に変様させることからはじめる」としている。そして、「この事実およびあらゆる事実一般に付着しているあらゆるものから純化された純粋可能性をわれわれに提供する『かのような』という領域に移す」。こうして、「あらゆる事実性から解放されたその類型は、知覚の形相」［フッサール 二〇一五：一三三―一三四］になる、と。

具体的な例示とはいえ、それでも難解であることは否めない。そこで筆者なりに要約すればこうなる。ここでは、机についての知覚を、何かある事物についての知覚としながら、その形や色などを想像によっていろいろと変えてみる。そのような変更を加えてもなお残る、事物知覚の「一般的類型」、すなわち、確かに机があるという確信が得られる。これこそが、事物知覚の本質（形相）ということである。

フッサール自身は、「直接経験」において外部世界が実在するという確信がどのように生まれるかという問いに答えるために、意識は以下の三つの段階的な過程を進むとしている。①まずはこの「直接経験」を記述することからはじめる。②そこで得られた記述を、想像によって自由に変更する。そして、③さまざまな現れ方の向こう側にある同一性を直観すること、になる。また想像によって変更しても変更されないものは本質であり、その本質を追求する考察を、本質直観（本質観取）といい、実存的意味の取り出しを意味するとともに、現象学的考察の目標ともいわれる。

西研は、右記の「本質観取」の流れを、具体的な事実としての体験→想像的自由変更を行う→あらゆるその種の体験すべてに必然的に伴う「一般的類型」としての本質を取り出す、と整理し、体験のなかからまさしくそれらの核心＝エッセンスを取り出すのが「本質観取」だとしている［西 二〇一五：一三六―一三七］。換言すれば、その核心＝エッセンスなしにはその現象がそのようにはあり得ない、現象をそうならしめているものを発見することともいえよう。

「現象学的還元」と「本質観取」の方法の例として、少し長くなるが、竹田による具体例を引用しておきたい。難解なフッサールの理論を、わかりやすく提示していると思われるからである。

ふつうわれわれは、「目の前にリンゴがあるから、私には赤くて、丸くて、つやつやしたものが見える」と考えます。ここでは、対象の存在が原因で私に見えているもの（＝対象の認識）はその結果です。還元の方法は、方法的に、つまり目的のためにわざと、この考え方を逆転します。すなわち「ここにリンゴがあるから、赤くて丸いものが見える」を、「いま私に赤くて丸くてつやつやしたものが見えている。だから、私は目の前にリンゴが存在しているという確信をもつ」と考えます。ここでは「私にこう見えている」（対象の認識）が原因で、「リンゴがあると思う」（対象の存在確信）が結果です。つまり最も大事な要点は、はじめに対象存在の実在を前提しないこと、です。その代わりにすべてが私の確信の世界なのだ、と考える。そしてつぎに、ここが最も大事ですが、私に生じているこの確信の条件を考えてそれを取り出す。基本としては、この確信条件の取り出しを、「本質観取」とか「本質直観」と呼ぶのです。

［竹田 二〇一五：二二三―二二四］

この例では、対象存在としてのリンゴが取り上げられているが、先述のように、「本質観取」の方法は、概念やことがら、そして感情といった心的なものも含めて、その核心にある意味を観取することも可能である[＊5]。

そこでここでは、感情についての「本質観取」の実践例として、現象学的心理学者のジオルジ（Amedeo Giorgi, 1931-）による「嫉妬」の例についてみてみる。ジオルジはまず、「嫉妬」という経験について書かれた文章をていねいに読むことからはじめる。次に、①いくつかの「意味単位」（意味内容からみたまとまり）に分け、②それぞれの意味単位を一般化し、③最終的には、「嫉妬」という経験一般に共通すると考えられる「構造」（本質と同じ意味）を取り出す、という作業を行っている。その結果、「嫉妬」という経験の本質は、「人が、別の人へと向かっている肯定的な感情を彼女（自分）自身に欲する時にその姿を現わす（カッコ内は引用者による）」感情だとしている［ジオルジ 二〇一三：二二〇］。

このように、「本質観取」の方法は、その対象が感情のような心的なものであっても、リンゴのような対象存在に対するやり方とその枠組みは同じなのである。

では、「生きられた経験」を対象とする場合は、その「語り」をどのように分析していくことになるのであろうか。その点について、詳しくは第3章および第4章にて検討することとなる。いずれにしても、対象となるものが何であれ、現象学的アプローチとは、事実そのものに立ち返り、体験しているその人の側から、その人の体験世界を理解しようという態度、そしてそのための手法であることは確かであろう。

## 3 現象学的な質的研究の意義

### （1）質的研究の重要性

「学び直し」とは、それを行う人にとって、その人のモノの見方やそれまでの経験、置かれている状況など によって 異なる意味を帯びる体験といえる。

意味を帯びた体験は、榊原哲也も指摘するように、数的な検査データにもとづく自然科学的・医学的なモノの見方によっては十分にとらえることができない〔榊原 二〇一七：六〕。

本書では、たとえば「病い」や「転職」などといった、当該本人にとっての意味を帯びた体験を「生きられた経験」として位置づける。もちろん、「学び直し」もそれに該当する。

「生きられた経験」の豊かな諸相を明らかにするには、質的研究によるアプローチの活用が必要となる。そして、経験の意味や価値に着目し、それをあらためて問い直し、日常生活においては自覚していない意味経験の構造や成り立ちを、記述分析によって明らかにしていくのが現象学的な質的研究である。

ここでは、現象学的な質的研究の内容を述べる前に、「生きられた経験」をはじめとする現象の本質に迫っていくために必要となる質的研究の重要性について、量的研究との対比も踏まえて確認しておく〔＊6〕。

一般に、量的研究は客観的で、再現可能であり、科学的根拠（エビデンス）の信頼性が高いものとされ

＊5　ここで紹介するジオルジによる「嫉妬」の例のほかにも、たとえば、西は、「なつかしさ」という感情を例にとって本質観取を実施・提示している〔西 二〇一五：一四五―一六五〕。

ている。一方、質的研究に対しては、これまでその科学性や一般化可能性が乏しいのではないかとの見方がなされてきた。たとえば、質的研究を行った看護系の大学院生の発表に対して、教員から「質的研究は客観的ではないし、サンプリングもいい加減で、方法論的におおいに欠陥がある。いくら立派な結果を出したって、偏見に満ちた偏った結果であるから、とうてい一般化はできない。一般化できないのでは科学的価値はゼロである」［谷津・北 二〇一二：四一四］といった発言がなされることも珍しくなかった。しかしながら、後述のように、質的研究は「生きられた経験」の検討にとっては決して軽視することのできない重要なパラダイムであり、そしてそれにもとづく方法なのである。

近年、看護などの対人援助の分野では、質的研究を方法論として採用するテーマやそれに取り組む研究者も徐々に増えてきているようである。そのこともあってか、質的研究に対して頭ごなしに否定的な見解が示されることも従来ほどではなくなってきているのかもしれない。

そもそも、質的研究と量的研究はよって立つパラダイムが異なるはずではないだろうか。だが、まだ量的研究の影響力は圧倒的に強い状況にあり、アカデミズムにおいては、質的研究が科学として認められていない風潮があることも否めない事実のようだ。したがって、量的研究ではなく質的研究を採用することにより、学術論文の採択されやすさという点にもハンディが生じ、とくに大学院生や若手研究者の場合は、その後の研究職としてのキャリア形成を左右することにもなりかねないともいわれてきた。

しかしながら、先述のように、「生きられた経験」の意味を明らかにするためには、現象の因果関係を明らかにすることではなく、むしろ「生きられた経験」としての現象の本質を明らかにしていくことが中心的課題となる。そこでは、従来の自然科学的な方法、すなわち量的研究によるアプローチはなじまないといえよう。

量的研究では、人間を直接の対象とするような場合も、概して現象について数値を用いてデータ化し、統計学的な方法で解析を行う。一方、「生きられた経験」のように多様な現象を対象とする場合は、研究協力者やインフォーマントだけではなく、研究者自身の思いや認識、価値、不安、葛藤といった心理的側面も同時に扱われることがある。したがって、「生きられた経験」を対象とする研究の方法としては、やはり質的研究が適していると考える。それは、やまだようこが定義するように、質的研究とは、「具体的な事例を重視し、それを文化・社会・時間的文脈の中でとらえようとし、人びと自身の行為や語りを、その人びとが生きているフィールドの中で理解しようとする学問分野」［やまだ 二〇〇四：八］だからである。

たしかに、筆者の専門領域のひとつ（教育臨床）に引きつけて述べると、たとえば学校現場にスクールカウンセラーを配置した結果、数値上では当該学校における不登校生徒の割合が低下したことが示されたとしても、そのことだけではカウンセラーによる支援の具体的な内実は見えない。もちろん、調査方法や質問紙内容の工夫次第でより明らかになってくることもあるだろう。そういう意味で、筆者は量的研究の重要性も認識している。しかしながら、不登校という現象やそれに対する支援のあり様の本質を明らかにするということでは、質的研究と比べて限界があることは否めない。

話を戻すと、質的研究は、はたして科学といえるのだろうか。そもそも、科学の意味とは、どういうことを指すのであろうか。ここではまず、質的研究が科学に該当するか否かという議論をみるまえに、科学の概念について確認しておきたい。一般的に、科学とは「観察や実験など経験的手続きにより実証

＊6　現象学的考察における質的研究の重要性については、岩崎［二〇一六a：一三―二八］の一部と重なっている部分があることをお断りしておく。

されたデータを論理的・数理的処理によって一般化した法則的・体系的知識」とか、「狭義では自然科学と同義」など、現象の背後にある法則や因果関係を客観的に明らかにすることととらえられているようである〔『広辞苑（第七版）』：五〇五〕。

しかしながら、村上陽一郎が指摘するように、科学（science）という言葉の元となったscientia（スキエンティア）というラテン語は、「知ること」あるいは「知られたこと」、つまり「知識」という意味であり、「自然科学」という意味は、当初そこにはなかったとのことである。では今日のように、科学（science）といえば「自然科学」を連想するようになったのは、いつごろからなのか。それは、一八四〇年ごろのことで、一部のイギリス人の学者が、知識全体のなかで、自然に関する知識だけを扱う、自然科学というものをscienceという言葉で表したいという意図で使うようになったためだという〔村上 二〇一五：一三―二〇〕。

それでは、今日、実証を重視する科学が人口に膾炙し、信頼を得ている理由は何であろうか。それはやはり、客観性と再現可能性によると考えられる。しかし、「科学＝客観的」という図式における客観性とは、常に実証を担保することができるものであろうか。一七世紀のデカルトによる心身二元論以来、世界は客観的に存在すると信じられてきた。そして科学とは、客観的に存在する世界についての知識の確かさを高める営みとして認識されてきている。しかしながら、先述のように、もはや世界は私たちの主観から独立して客観的に存在するとは言い切れない。

現実として、私たちは科学の対象となる世界のなかに生きている。そこでは、私たちが世界を認識するという行為は、私たちの認知のあり方を通して、いわば認知のフィルターを通して対象を見ている、ということになる。したがって、主観を抜きにした客観は原理的にありえないともいえる。むしろ、世界は私たちの主観から独立して客観的に存在するというよりも、世界のあり様が私たちの認識によって規定されている以上、客観的な世界があるかどうかは分からないとしかいえないのではないだろうか。

話題が少し認識の原理的なところに飛躍したので、戻したい。ただ、右記の考え方を踏まえれば、科学とは、客観性や実証性を重視し、狭義の自然科学と同一視するような定義ではなく、筆者にはたとえば、戸田山和久による、「世界を理解しようという試み」［戸田山 二〇〇五：一三］、つまり実在のありさまを徐々に明らかにし、世界の確からしさに接近する試みというような、より幅のある解釈に開かれた定義の方が相応しいのではないかと考えられる。そうであるとすれば、「生きられた経験」を研究する方法として質的研究を採用することも、十分に意義のある取り組みだと考えるものである。

先に引用した、質的研究を行った大学院生のエピソードには、つづきがある。当該大学院生の研究方法（質的研究）に批判的な発言をした教員に対して、それを聞いていた学長から以下の反論がなされたという。「質的研究が依って立つパラダイムは、あなたが立脚するパラダイムとは全く異なっている。質的研究のパラダイムは、学問論的には新しく、しかし看護学にとっては決して軽んじることのできない重要なパラダイムなのだ。あなたがもし、今後も優秀な看護学者を育てる気概をおもちなら、すぐにでも質的研究のパラダイムを勉強するべきだ」［谷津・北 二〇一二：四一四］。

このように明快に質的研究の有効性とそれへの支持が表明されることは、とくに理科系の分野においては、まだまだ珍しいことかもしれない。それでも、近年、質的研究のパラダイム（一般に認められた科学的業績の範例で、一時期の間、専門家に対して思考のモデルを与えるもの）を科学として位置づける主張や論考は確実に増えてきている［＊7］。また、量的研究と質的研究をひとつの研究のなかで用いる「ミックスメソッド」を使用するケースも増えている。

＊7　たとえば、高木［二〇一一］など。

### （2）「生きられた経験」を明らかにする現象学的考察

二〇一六年、「がん患者は働かなくてもいい」という国会議員の発言が物議をかもした。この発言をめぐる報道は、がんという病気を抱えている人は医療上の問題だけではなく、生活の質にかかわる困難のなかにあるということも浮き彫りにした。このことは、がんに限らずあらゆる病い、いやもっと広い意味での「生きづらさ」を抱えている人にとって共通の状況といえるのではないだろうか。

しかしながら、「生きづらさ」を抱えているということでは共通点があっても、その中身は一人ひとりに固有の体験であり、一般化できない部分がある。たとえば、がん患者になることによって共通して体験する問題はあるといえる。だが、がん患者になることによってその人が抱える困難はそれぞれの生き方と密接にかかわっており、一律にまとめられるものではないだろう。

「生きられた経験」を明らかにする現象学的考察[＊8]とは、一人ひとりの「生きられた経験」を客観的な出来事としてとらえるのではなく、当事者の生活世界に触れるかかわりを通して意味や価値を明らかにしていくための質的研究といえる。

じつは現象学を応用した研究と「生きられた経験」とは、従前より密接な関係がある。たとえば、ヴァン＝マーネン（Max van Manen）は、より明確に、「生きられた経験は、現象学的研究の出発点であり到達点である」としたうえで、「現象学の目的は、生きられた経験を翻訳し、その本質をテクストに表現することにある」と述べている［ヴァン＝マーネン 二〇一一：六七］。

だが、「生きられた経験」の意味は語感としては伝わってくるものの、意義的にはあいまいな表現であることも否めないのではないだろうか。そこで、ここでは、現象学的考察の意義を踏まえて、「生きられた経験」の概念をより明確にすることから検討していく。なかでも、質的研究における「体験の意味」に関する先行研究によりつつ、「生きられた経験」の意味するところをより具体的につかみたいと考える。

たとえば、心理療法の学派・手法のひとつに、ナラティブ・セラピーがある。それは、私たちが自分自身や自分の人生の状況を了解するために、ストーリーを作り上げているという考えにもとづいている。それはドミナント・ストーリーと呼ばれ、ときとして私たちの人生を支配し、その人が抱える「生きづらさ」の要因になるとされる。ナラティブ・セラピーのカウンセリングでは、ドミナント・ストーリーの矛盾や不合理を発見し、それに対抗するオルタナティブ・ストーリーをカウンセラーとクライエントの共同作業により展開していく［マクナミー・ガーゲン編 一九九八］。

ナラティブ・セラピーは、社会構築主義やポストモダン思想に影響を受けて生まれた、比較的新しいカウンセリングの流れである。その新しい療法においても、「生きられた経験」という言葉が重要な事柄として使用されている。そこでは、問題のストーリーとは対照的な出来事としての、「ドミナント・ストーリーに包み込まれないような『生きられた経験』が必ず存在する」［＊9］といった記述が見られる。

ナラティブ・セラピーの主要な文献が出てくるのは一九九〇年代に入ってからであるが、このような、ある種の相対主義ともいえる考えを重視する新しいセラピーにおいても、「生きられた経験」が重要な概念として位置づけられていることには興味深いものがある。ここで言及されている「生きられた経験」から喚起されるイメージとは、どのようなものであろうか。そこには、その人にとっての本来の経験とその本質といったものが、半ば期せずして含意されてしまっているように受けとめられなくもない。

しかしながら、そのようなとらえ方には、思わぬ落とし穴が待っているのではないだろうか。なぜな

＊8 「生きられた経験」と現象学的考察の関係については、岩崎［二〇一六b：一一—二八］の一部と重なっている部分があることをお断りしておく。
＊9 たとえば、ウィンスレイド・モンク［二〇〇一：五八—五九］など。

ら、「生きられた経験」をクライエントの本来の経験ととらえた場合、「生きられた経験」を明らかにすることとは、「主観・客観の一致」を追求することと同じ枠組みに絡め取られ、従来のアプローチに差し戻されてしまうことになると危惧されるからである。それは、現象学、そしてナラティブ・セラピーの考え方とも相反するものであろう。

では、現象学的アプローチによって明らかになる「生きられた経験」とは何なのだろうか。多くの現象学的研究の論考において表記されている、「生きられた経験」とは英語で「lived experience」となっている。しかし、じつはこの英語表記もオリジナルではない。もともとはドイツ語圏の哲学（主に解釈学）における鍵概念である「Erlebnis」の翻訳として使用されており、日本語の「体験」に近い意味をもつとされる。

中木高夫と谷津裕子は、ドイツ語圏の哲学者たち（ディルタイ、フッサール、シュッツ、ガダマー）の著作のなかから「体験」について言及している箇所を抽出し、その哲学的意味を明らかにしている［中木・谷津 二〇一一：九五―一〇三］。その検討を踏まえて、中木らは、体験は「意味のない体験」と「有意味な体験」とに区別されており、「有意味な体験」とは、時間の流れのなかで素朴に構成されていく体験（意味のない体験）が、「反省的な眼差しによって把握され、区別され、際立たされ、境界づけられた体験としてとらえなおされた体験のこと」としている［同誌：一〇二］。ここでいう「有意味な体験」とは、「生きられた経験」と同じ意味である。すなわち、「Erlebnis」＝「lived experience」＝「（有意味な）体験」という関係が成立することになる。

また中木らは、「生きられた経験」が直訳語のまま論文中に用いられることで、「Erlebnis」という語の概念のもつ「ひとかたまり（cluster）」としての意味伝達が失われる危険性を自覚することも必要だとし、「生きられた経験」という語はいかにも引っかかりのある語感で、この引っかかりの効果を生かして、あえて脚注もなく使用してこの鍵概念を印象づけるのは確信犯的手法といえるだろうと指摘している〔同誌：一〇二〕。確かに、「生きられた経験」という言葉の語感は、先述のように、あいまいな表現であるにもかかわらず、何がしかの「引っかかりのある」イメージを含んでおり、ともすれば独り歩きしてしまいかねないとの懸念が払拭できない。

村井尚子は、ヴァン＝マーネンに拠りつつ、「生きられた経験」について、「回想の中でつくりあげられていくものであり、何よりもまず時間構造をもっている。『生きられた経験』は、それが直接明示するものによっては決して捉えられず、過去に存在したものとして反省的に捉えることのみが可能である。我々は、『生きられている経験』それ自体を捉えることはできず、経験は常にすでに『生きられたもの』として反省的に捉えられることで、その意味が割り当てられる」と述べている。そして、「『生きられた経験』の意味が現象学的記述において引き出されることで、我々は世界とのより直接的な触れ合いの場へと導かれ、経験の意味はより豊かなものへと変容する」としている〔村井 二〇〇〇：三五〇〕。

これらの知見にもとづき、「生きられた経験」の意味について筆者なりに考えてみる。すると、意識の流れのなかで素朴に過ぎていく体験が、反省的な眼差しによってひとつの統一体としてとらえられ、「意味のある体験」となること、そしてその意味を帯びた現象の現れそのものと考えられる。

右記のことに関連して、たとえば中木らは質的研究における「体験」の意味に関する考察として、質的看護研究が明らかにしようとする患者・家族や看護師の「体験」について以下のように述べている。「環境との相互作用を通して精神も身体も変化し続けながら存在している患者・家族や看護師の生きざま、すなわちDiltheyがいうところの『心的生』であると考えられる。この『心的生』は、時間の経過に沿って過ぎ去る過程とは異なり、患者・家族や看護師が反省的な眼差しによって捉えなおした『有意味な体験』であるという特徴を有すると考えられる」〔中木・谷津 二〇一一：一〇一〕。

このように、現象学的研究は、意味を帯びて経験されるような現象の特徴とは何かということを問うものといえる。ちなみに、ディルタイ（Wilhelm Dilthey, 1833-1911）は現象学的な人間研究の源流の一人となる哲学者で、一九世紀末に、主観的世界の意味を記述する方法を生み出し、自然科学とは異なる領域として、精神科学を基礎づけたとされる。そもそも、人間科学という用語は、ディルタイの精神科学（Geisteswissenschaften）の概念に由来するという［ヴァン＝マーネン 二〇一一：二七七］。

「生きられた経験」の実例として、ヴァン＝マーネンが示している記述を、以下に引用しておく。

たとえば、子どもの読む経験に対する現象学的関心は、このグループ、クラス、あるいは学校の子どもたちの読む経験を、あのグループ、クラス、学校の子どもたちのそれと比較することによって、仮説的な（諸）変数の実験や測定可能な能力についての実験をすることとは違う。そうではなく現象学は、子どもにとって読む経験それ自体がどのようなものであるのかを問うのである。小さい子どもにとって読むこととはどのようなものであるのか、と。［同書：七二］

本章の最後に、あらためて本書における現象学的な質的研究とはどのようなものなのかと問うてみる。端的にいうと、それは「学び直し」という「生きられた経験」を明らかにするための、ケース志向のアプローチいうことになるだろう。そこでは、聞き手（筆者）と研究協力者が相互作用するなかで行われ、「語り」のデータを用いて帰納的に探究する研究を行うことになる。

それはまた、ケースに方向づけられた分析という形でデータを扱い、ひとつのケースを全体、つまりひとつのまとまりとしてみながら、その本質を理解するプロセスといえる。このことから、現象学的な質的研究に限らず、質的研究で得られる結果の一般化可能性についての問題が生じることとなる。一般化とは、ヴァン＝マーネンによる「生きられた経験」の実例にも記されているような、個別を通して全体に関する推論を行うことである。

したがって、「質的研究によって得られた結果に科学的な客観性はあるのか」「単なる主観」ではないのかといった疑問を招くことにつながるのである。現象学的な質的研究とエビデンスの関係については、次章にて検討することにしたい。

Episode 1

# 私と現象学の出会い

私が現象学ということを知ったのは、一九八〇年代の半ばごろである。当時私は大学生（学部生）で、いわゆるニューアカ（ニューアカデミズム）がちょっとしたブームになっていた時期である。

いまでも何となく記憶に残っているのは、浅田彰の『構造と力』（勁草書房、一九八三年）が大学生協の書籍部（本屋）の棚に平積みされている光景である。でも、それが何についての本なのか、それ以前にどんなジャンルの本なのかもまったくわからなかった。

そのころの私は、まだ人文書などとはほぼ無縁のフワフワした学生生活を送っていた。そんな私も、就職（出版社）が決まり、卒業が近づくと多少暇になったこともあってか、『構造と力』や『別冊宝島わかりたいあなたのための現代思想・入門』をはじめ、いわゆる現代思想のジャンルの本にようやく手を伸ばすようになった。

ポストモダンに対するイメージは、当時の時代の雰囲気とも相まって、ある部分は心地よい開放感のようなものを漂わせていたように思う。ただ、私自身は、その風潮にはノレなかった。ある意味「何でもあり」というのは自由な気分をもたらしてくれるが、一方、当時の自分にとっては、何も確固としたもの、というよりも足場のようなものをつかみ取ることができないと思われたのだ。

あのころは、大学がレジャーランド化しているといわれていた時代で、私のように一九六〇年前後に生まれた世代は、「新人類」と呼ばれ、マルクス主義や戦後思想も直接は知らず、何も思想的な土台がないままに「そんなものは幻想に過ぎない」として相対主義の海に放り込まれたような気がしたのだ。

そんな折、『別冊宝島』のなかで、執筆者の一人である文芸評論家（当時）の竹田青嗣が現象学について解説しているところを読んだのが、私と現象学の最初の出会いだった。そこで竹田はフッサールの現象学について、次のように解説している。

フッサールにとって、認識の問題とは、認識が客観世界をどう正確に言いあてるかという点には存在しなかった。それは、人間が意識の中で客観世界の像をどのように構成し確立してゆくかという点に見定められていたのである。

世界の「ありのまま」を言いあてることは人間にはできない。しかし意識の「ありのまま」は、言いあてることができるはずだ。これがフッサール現象学の方法上の核心点だったのである。［『別冊宝島』：四八］

当時の私にとって、竹田の言葉（解説）は、少なからず心に響くものがあった。

私が卒業したのは社会学部で、もともと思想や哲学を専攻していたわけではなく、またそのような領域に触れる素養も知識も持ち合わせてはいなかった。ただ、入学したころぐらいから、本を読むことが好きになり、それがそのまま進路選択につながったのだと、いまふりかえってそう思う。

その後、私は社会人となり、日本の社会はバブルの渦に呑み込まれていく。

それでも、現象学との出会いが、その後の社会人生活においても、何らかの形で人文書に触れているという、「いつもそばには本があった」［國分・互二〇一九］という状況が欠かせないものとなったといえる。

それからまた一〇年近くが経ち、私は社会人大学院で学び直すことになる。そして現在は、教育臨床やカウンセリングといった対人援助に関わる分野を専門とする研究者・教員となり、スクールカウンセラー等として心理臨床にも携わっている。

自分のなかでは、この間にいろいろなことが一巡してきて現在に至っているという気がするのだが、いま、『学び直しの現象学』を執筆していることに、やはり不思議な縁やめぐり合わせのようなものを感じざるを得ない。

# 第3章　方法としての現象学的アプローチ

社会人大学院で「学び直し」を経験した人への聞き取りを通して、その人にとっての「学び直し」の意味や価値を明らかにしていくこと。それが本書のテーマである。そのために用いるのが現象学的な質的研究であり、具体的な聞き取りや「語り」の分析の柱となるのが現象学的アプローチである。

本章では、まず本書における具体的な研究手法となる、現象学的アプローチの概念を確認する。次に、現象学的アプローチとエビデンスの問題について、質的社会調査をめぐる動向などを参照にしながら検討する。そのうえで、「個性記述的一般化」をめざす現象学的な質的研究における、「語り」の記述による触発の可能性に言及する。

## 1　現象学的アプローチ

近年、現象学的アプローチ[*1]は対人援助を中心に種々の学問分野で用いられており、各領域に応じた方法論にアレンジされて展開されてきている。対人援助の実践の場では、援助者はクライエントや利用者などと呼ばれる（以下・クライエント）、悩みや苦しみ、あるいは迷いを抱えた他者と出会う。そのうえで、援助者は問題解決に向けた支援を担うことになるが、いわゆる事柄としての問題の解決に資するだけでは不十分である。

どのような類の悩みであっても、クライエント自身が表面的な主訴の奥に隠された、本人もまだ気づいていない「生きづらさ」の要因となっている課題が潜んでいることも少なくないからである。したがって、クライエントは、実存的な存在として理解される必要があるといえる。ここでいう実存的とは、物事の客観的な事実よりも、その人にとってそれがどのような意味を持つのかが重要であるという意味合いが込められている。

それはつまり、援助の対象であるクライエントを客観的に分析し、その人の抱える問題を特定することよりも、まずはクライエントの生活のなかで起こっている現象の意味をとらえようとする意思が求められる。そのうえで、何がクライエントを苦しめているのか、悩みや苦しみはどのように体験されているのか、そしてそれが本人にとってもつ意味は何なのかという、本人の実存的苦悩を解き明かしていくことに努めるのである。

対人援助だけではなく、質的研究においても、研究協力者や対象者の「生きられた経験」を明らかにするための方法［Parse et al. 1985: 15-16］、あるいは、より広く相手を理解するための方法［村田 二〇〇〇：一〇九—一一四］などとして、現象学的アプローチを採用する理由に言及されることは多い。しかしながら、現象学的アプローチ自体の定義や概念に言及した論考はほとんど見受けられない。

そこで、ここでは現象学的アプローチの概念を整理しておきたい。まず、荒川千秋と神郡博によれば、現象学的アプローチを概念化したのは、現象学的心理学者のジオルジだという。そして、その中心は、

＊1　現象学的アプローチの概念については、岩崎［二〇一七：一七—三三］の一部と重なっている部分があることをお断りしておく。

「人間が体験する世界のありのままの認識、生きられた世界の意味の理解におかれている」としている［荒川・神郡 一九九九：一三三］。これは、先述のように、そこに生じている出来事を客観的にとらえるのではなく、むしろ生活世界のうちにありつつ、意味や体験を考えていこうとするものといえる。

吉田章宏によれば、ジオルジの一九七〇年に刊行された著書のタイトルが、*Psychology as a Human Science: Phenomenologically Based Approach* であり、「アプローチ」の語は、この本でタイトルに付けられたことに因んでいるとされる。そもそも、アプローチとは、「科学者が、一人の科学者として自らの仕事に関わって持ち込む、あるいは、採用する、人間と世界に対する根本的な視点」とのことである［ジオルジ 二〇一三：二四九、訳注］。

第2章で引用した、ジオルジによる「嫉妬」という感情についての本質観取の実践例は、まさに現象学的アプローチによる分析の具体例といえる。ジオルジによる分析では、インタビュー・データを重視し、参加者（対象者）が生きてきた当該の経験について可能な限り完全な記述と分析を行う。そこでは、三つのステップにより分析が行われる。それをごく簡単に紹介すると、次の手順となる［同書：一二〇］。

①全体の意味を求めて読む：記述全体の感じをつかむために記述の総体を読み込む。
②意味単位の識別化：このステップの目的は、記述の内部に含まれている意味単位を確立すること。
③参加者の自然的態度の表現を、現象学的心理学的に感受性のある表現に変換する：意味単位とその詳細な記述へと再び立ち返る。

ジオルジの方法の他にも、具体的な現象学的アプローチの実践例（方法）について紹介しておこう。ここでは、先に触れた荒川と神郡による論考から、ある大学付属病院内科外来の相談室を訪れた糖尿病患者を対象とした研究において、患者の反応と効果的なカウンセリング要素を、相談場面の逐語録から取り出し現象学的アプローチの立場から分析検討がなされ、その五段階に分けられた手順を次に記す［荒川・神郡 一九九九：一三四］。

①インタビューの面接記録全体を完全な形で読み、全体の意味を理解する。
②研究課題に直接関係する段落や文を抜き出す。
③抜き出した部分から浮かびあがる意味を系統化する。
④それぞれの意味を、一般用語かテーマごとに分類する。
⑤①～④までの分析段階を研究課題に沿って、本質的な概念構成で文章化する。

右記①の記録全体を「完全な形で読み」という表現は、理念的であまり現実感がない。それはともかく、これらの分析方法は、ジオルジによる方法を含めて、あくまでも一例である。現象学的研究の場合、方法の可能性は多様に開かれており、その対象になっている個々のテーマによって決まってくると考えられるからである。

現象学的アプローチの対象となる記述は、多様な表現や形式のなかに見いだされ得る。インタビューのデータ、記事、日記、物語、エピソードの記述、映像など、じつにさまざまである。そのなかから、本書ではインタビューの聞き取りによる「語り」ついて検討することとする。ただし、いずれの方法にも共通していることは、研究者および援助者自身の先入観をカッコに入れ、その記述（インタビューや種々の記録等）をひたすら精読し、そこに記されたメッセージ（意図されたものに限らない）を摑むことに力を注ぐことが重要になるということである。

したがって、アプローチの対象者は対人援助のクライエントに限定されるわけではなく、より広く対象となる人の固有の体験に焦点を当て、その意味や価値を明らかにするのが質的研究における現象学的アプローチといえるのである。

## 2　現象学的アプローチとエビデンスの問題［*2］

### (1) 現象学的アプローチと一般化可能性

現象学的アプローチはケース志向の質的研究であり、ケースに方向づけられた分析という形でデータを扱う。そのため、研究で得られる結果について、一般化可能性の問題が生じることになる。ここでいう一般化とは、個別を通して全体に関する推論を行うことを意味する。

このような質的研究に対する疑問が生じるのは、科学研究の結果として得られる一般化について、私たちが量的研究においてめざされる統計的モデルによる「法則定立的一般化」のイメージに過度に縛られているからではないか。一般化には、法則定立的な研究方法では見逃しがちな個別事例や情報に着目し、ケースの個別性を掘り下げることによって本質を見いだすこと、すなわち「個性記述的一般化」もあり、それこそが、質的研究においてめざされる結果の一般化と考えられる［谷津・北 二〇一二：四一七―四一八］。

現象学的な視点では、研究協力者の体験について、それを外側から客観的に説明するのではなく、当事者がそれをどのように体験しているかを内側から考察し、そのなかから体験の構造や本質といったある種の一般性をもったものを取りだそうとする姿勢が重視される。それはまさに、「個性記述的一般化」をめざすことと重なるものである。

質的研究の方法には、代表的なものとして、グラウンデッド・セオリー・アプローチ、現象学的アプローチ、エスノグラフィー、参与観察、ライフストーリー法（生活史法）、ナラティブ・アプローチ、などがある。これらのなかから、現象学的アプローチにおける「個性記述的一般化」の問題について検討する。また、インタビューによって研究協力者の「語り」をデータとして扱うという点で方法的に共通している、質的社会調査における生活史法の方法論も参照しながら、考察を進めていきたい。

ここでは、インタビューの手法というよりも、「個性記述的一般化」をめざすデータ分析のあり方やエビデンスをめぐる問題を中心に検討する。それでも、インタビューとそれによる「語り」のデータのあり様には密接な関係があるといえるため、インタビューにおける聞き手の姿勢については、次章にてあらためて言及する。これらの検討については、隣接分野も含む先行研究を基に、現状のあり方と問題となっているトピックスを整理しながら進めていく。

先述のように、現象学的研究にはマニュアルや決まった手順がないとされる。松葉は、現象学的研究は自然科学的研究のような仮説検証型の研究とは違い、命題定立型の研究だとしたうえで、「命題定立型の研究の場合、最初から研究対象がどういうものかはっきりしているわけではないので、どのような方法が適しているのかは研究を始めてみないとわからない」としている。そして、現象学を「開かれた方法論的態度」と規定している［松葉 二〇一四b：四］。

それでも、現象学的アプローチに共通しているところはある。それは前出の、「事実そのものに立ち返り、体験しているその人の側からその人の体験世界を理解しようとする」ものであるということだ。

＊2　現象学的アプローチとエビデンスの問題、そして次節の触発の可能性にかかわる記述は、岩崎［二〇一九：一三一―二九］の一部と重なっている部分があることをお断りしておく。

したがって、現象学的アプローチでは、研究協力者の体験の個別性に注目することになり、自然科学の方法とは異なるものになる。

現象学的アプローチにおける方法をより具体的に理解するには、たとえば、代表的な質的研究のひとつであるグラウンデッド・セオリー・アプローチと比較してみるとより明らかになると思われる。グラウンデッド・セオリー・アプローチ（GTA）とは、インタビューを文字におこしたものや質問紙の自由記述といった、文字データを分解し、それらを単位化・コード化し、さらに他のデータと相互に比較することで共通のカテゴリーや複合化する文脈を見いだそうとする方法である。これは質的研究のなかでは、実証的方法の手続きをある程度備えたものだが、自然科学と同等に扱われることを意図した方法だとするのは、言い過ぎであろうか。

グラウンデッド・セオリー・アプローチなどの「テクスト分析」として定式化された方法に対して、西は、「疑似自然科学的」な人間科学の理解として批判している。また、それらは「経験科学的なエビデンス（元データ）としてのテクストがまずあり、これに一定の分析を加えると一定の科学的な結果が得られる、という形式」の手法であり、実際のインタビューや研究において体験されているものからはかけ離れていて、かえってそこでの豊かな「気づき」を阻害するものになりかねない、と指摘している〔西 二〇一五：一七六―一七七〕〔＊3〕。

自らも現象学的研究に取り組む西は、ジオルジの現象学的アプローチの方法に対しても、「テクスト分析の手法」として定式化されたものだと批判している。西によれば、ジオルジの方法はグラウンデッド・セオリー・アプローチとは逆に「文脈」を大切にするもので、「これらを同列に置くことはためらわれる」としながらも、「テクストに一定の分析を加えると一定の科学的な結果が得られるという形式」という点では、両者には共通点があると述べている〔同書：一七六―一七七〕。

そのうえで、西は、現象学的アプローチもテクスト分析のひとつ、すなわち、テクストのデータを一定の客観的な手続きでもって分析することによって科学的な成果が得られるもの、として理解されているふしもあるとしている。さらに、このような「疑似自然科学的」な理解のもとでは「語り手と聴き手双方の『主体』の軽視が引き起こされかねず、そしてこの主体の軽視は、人間を理解するという人間科学の『目的』自体の曖昧化にもつながりかねない」との危惧を示している〔同書：一七七―一七八〕。

ジオルジはフッサール現象学の流れをくむ現象学的心理学者である。それにもかかわらず、個人的な経験の個別的な意味よりも、科学としての厳密な手続きにより、ある程度の一般化が必要との方法論に関する認識も有しているようだ。ジオルジは、現象学的研究に必要なデータ量について、「収集される生データの量にも依存するが、少なくとも三人の被験者が常に必要とされる。これは、生データにバリエーションを持たせることが重要だからである」〔ジオルジ 二〇一三：二二五〕としている。

しかしながら、現象学的研究は、たとえ単独のケースであっても、その事例に対する忠実で厳密な記述を積み重ねていくことによって、「生きられた経験」の意味の解明と、具体的意味から普遍的な意味である本質に近づいていく、という考えにもとづいているはずである。その意味で、ジオルジの方法においても、疑似自然科学的なエビデンスのとらえ方から脱し切れていない面があるといわざるを得ない。西村も、ジオルジの研究について、「研究の傾向などをみていて、現象学的研究をつくるといいつつ、科学主義的なものにも認められるような研究と研究方法が模索されていた。そのとき、『それでは現象学ではなくなってしまう』、あるいは、あえて現象学的研究としなくてもいいような気がした」〔西村・山本 二〇一五：五二九〕と指摘している。

＊3　なお、近年の木下康仁による「修正版グラウンデッド・セオリー」では、もともとの文脈を積極的に考慮に入れている。

やはり、人間の主観的世界における「生きられた経験」の意味の解明は、自然科学の枠組みのみでは不可能であり、現象学を基盤とするような人間科学に独自の枠組みが必要になるといえる。それにより、データとしての語りと真摯に向き合うことが可能となり、研究者の主観における意味の直観、そして意味の変容に焦点を当てることが実現する。まさにそこを表現・描出することによって、現象学ならではの意味の解明ができることにつながるものと考える。

それでは、研究協力者の視点に立って、その人の体験世界を理解し、さらにその深みを見いだしていく現象学的アプローチによるデータの分析とは、どのような（手法に限定されない）あり方が望ましいのであろうか。先述のように、現象学的研究には、どのような方法が適しているのかは研究をはじめてみないとわからない。あらかじめ研究対象がはっきりしているわけではない命題定立型の研究である以上、それはある程度仕方のないことであろう。

だからといって、どのような分析方法を使っても良いということにはならないだろう。少なくとも、インタビューのデータを用いて、それらをテクストとしてただ解釈を施すといった方法では不十分といわざるを得ないのではないだろうか。この点に関連して、稲垣諭は、「発見した方法や、対象が、単なる個人的雑感や思い込みではないことをどのように示すのかは、繰り返し配慮すべき現象学の課題でもある」と指摘している。そのうえで、「自然科学とは異なる仕方であっても、仮説検証の仕組みは現象学にとっても配慮すべき課題ではないのか」と述べている［稲垣 二〇一八：一四五］。

これはまさに、質的研究で得られる結果の一般化可能性についての問題であり、「個性記述的一般化」をめざす現象学的アプローチにおいてエビデンスはどのように担保されるのか、という問題とも密接に関わっていることといえる。稲垣の見解は、質的研究で得られる結果の一般化可能性の問題という、本研究と同様の問題意識を有していると考えられる。

次項では、現象学的研究の方法論に関する近年の議論から少し視野を広げて、社会調査における質的研究のうち、生活史調査に関する最近の議論を参照にしつつ、さらにエビデンスの問題について検討してみたい。質的社会調査における「代表性」をめぐり、社会学者のなかに、しっかりと向き合っている人たちが居ると思われるからである。

## (2) 質的社会調査と現象学的アプローチに共通する「代表性」の問題

ここでは、社会調査における生活史法に関する最近の議論に触れておきたい。そこで展開される議論も手掛かりとしながら、現象学的アプローチにおけるエビデンスの担保について考察したいと考える。

社会学者の岸政彦は、質的社会調査を解説した教科書において、生活史法は質的調査のなかで、「個人の語りという『もっとも質的なデータ』を扱う調査法」であり、「マイノリティ」といわれる人びとの調査においてよく採用されるとしている。また、これらの人びととは、たくさん出会うことが難しく、また母集団も確定できないため、調査の過程で出会った「当事者」のひとりの個人に話を聞くということは非常に有効な調査法になる、と解説している〔岸・石岡・丸山 二〇一六：一九―二〇〕。

その一方で、岸は、生活史法について、「やはり『個人の語りからどれくらい社会全体のことが〈客観的に〉言えるか』という問題は、最後まで付いてまわります。生活史法は、刺激的でユニークなぶんだけ、あいまいで不確かな部分が常に残ります。これらの問題をどう乗り越えていくか、いまでもさかんに議論がおこなわれています」と述べて「生活史調査」の（解説）項目を締めくくっている〔同書：二〇〕。

右記で引用した箇所のうち、「これらの問題をどう乗り越えていくか、いまでもさかんに議論がおこなわれています」というところと大いに関連していると思われるテーマで、岸自身が社会学者たちを相手に対談や討論を行っている記録（図書）がある。教科書とは違って、現在の質的社会調査をめぐるより専門的な課題に触れた議論としてとらえていいだろう。ここでは、本書の論旨と密接に関連すると思われる部分を、その『社会学はどこから来てどこへ行くのか』と銘打たれた書籍から引用していく［岸・北田・筒井・稲葉 二〇一八］。

同書には、質的研究と「代表性」［＊4］の関係について触れられた箇所が散見されるが、そのなかから、まずは理論社会学およびメディア論を専門とする北田暁大との対談で、岸は質的調査について次のように語っている［岸・北田 二〇一八：一〇四］。ここには、岸の質的調査についての考えが簡潔に述べられている。

岸：計量調査では、「ある確率で、このサンプルのプロフィールは、母集団のプロフィールである」というかたちで考えられているわけですよね。バイアスや誤差は、そこでは受容可能なところまで統制されている。
質的調査で僕らがやっているのも、少数のサンプルというかケースから、レベルの違うものについて言及する、ということなんですよ。それを記述したり説明したりするために、たとえば「この行為はこういうふうに合理的なんですよ」っていうことを言うと、それは僕たちにとって理解可能なものになるわけですよね。個々のケースから、中範囲の社会問題について「一般的に」語るための回路になってるんです。

次に、岸は、家族社会学、計量社会学を専門とする筒井淳也との対談で、自身の博士論文に触れて、質的調査の代表性の問題に言及している［岸・筒井 二〇一八：二三六—二三七］［＊5］。少し長いが引用する。

岸：僕の博士論文は沖縄のUターン者の聞き取りから沖縄的アイデンティティを考察するぐらいの感じなんですけれども。かなりの分量になったんですが、それでも博士論文でも、おこなった聞き取りが一五人分ぐらいなんですね。それを一〇年かけて書き直して『同化と他者化』という本にしたとき、そのうち七人に限定した。七人の生活史をがっと並べて、沖縄のアイデンティティはこうなっているということを書いたんです。

（中略）

それでも、七人の生活史を並べて、自分の中でこれでいいのかな、とも思う。みんな、ばらばらなんですよね。だけど、なんか共通する語りもある。それを抽出して「沖縄ってこうだよ」っていうところまで持っていったんですね。もちろん語りだけじゃなくて、統計データもいろいろ使いましたけれども。他方で、自分なりに、たとえば次の八人目に聞いたときに全然違うことを言うかもしれないと。それは十分ありうるわけですよね。僕のやっていたことが表だって批判されているわけではないけど、自分がやっていることが正しいかどうか。どうやったら正しさを自分で保証できるんだ、主張できるんだろう、と。素朴に考えるんですよね。

（中略）

でも、わずか七人の語りから、沖縄全体についてなにごとかを述べることができた。でも、というか、さらにその先で、というか、それがどういう方法論的な根拠で可能になっているのか、そこを知りたい。

＊4　調査データが、調査対象の特性（たとえば年齢構成や性別構成）を量的に適切に反映している場合、そのデータには代表性がある、といえる。

＊5　なお、ここで触れられている岸政彦の博士論文は、『同化と他者化——戦後沖縄の本土就職者たち』［岸 二〇一三］として書籍化されている。

右記のコメントを受けて、筒井は次のように回答している（抜粋）［同書：二三九―二四〇］。

筒井：別に少数で偏っていたとしてもその人の人生とか行動とか態度に対する理解が、何かしら深まって、そこに合理性が発見できれば、それで目的達成なんじゃないの、という。

（中略）

聞いてみると、ああ、なるほど、そういう理屈でやっているから、僕が同じ立場だったらそういう選択肢もありうるな、と思わせる調査ってあるわけですよね。それは別にたとえその人がものすごく例外的な事例だったとしても、その人なりの合理性があるわけだから、聞いているほうが「なるほど」と思うわけじゃないですか。それで目的達成と言ってしまえばいいのかな、という。

計量社会学を専門とする筒井が、質的調査の「代表性」の問題について擁護するような意見を表明しているところが興味深い。代表性の問題にこだわっているのは、むしろ質的調査の専門家である岸の方ではないかと思われる。筒井のコメントに対して、岸は次のように述べている（抜粋）［同書：二四〇］。

岸：質的調査をやっている社会学者で、「代表性」の問題とか「妥当性」とか「事実かどうか」という、一〇〇年前からあるような古典的なことを今さらむしかえして考えているのは、今たぶん僕だけなんですね。僕ぐらいだと思うんですね。

（中略）

でも、あえてこれを問うのが、僕は「おもしろい」んですよ。「どうやって僕はそれで理解をしているんだろう」と。

（中略）

代表性はそもそもなくても構わない。何らかのことは実際にすでに言えていると自負している。しかしそれが何に基づいてそう言えるのか。「すでにもうされていること」を、僕はあらためて考えているだけなんです。

右記の対談内容をみる限り、社会学者同士の議論においては、質的研究（質的調査）の代表性をめぐるエビデンスの問題についてはまだ「決着」はついていない、といった感じを受ける。それでも、社会学の研究においても、質的研究の聞き取り対象者が、たとえ少数であったとしても、筒井のいうように「その人の人生とか行動とか態度に対する理解が、何かしら深まって、そこに合理性が発見できれば、それで目的達成」となるのではないかという見解については、ある程度の合意や支持が得られているものと受けとめられる。これは、量的研究と質的研究はパラダイムが異なるという認識が、社会調査においてはすでに浸透しているということだろうか。

その一方で、質的調査の研究者である岸の方から、「代表性」、「妥当性」および「事実性」への執着ともとれる発言がなされていることは、質的研究に携わる者が、インタビューのデータを用いて、それらをテクストとしてただ解釈を施すといった方法に安住することなく、個人的雑感や思い込みにならないようにとの、肝に銘じるべき重要な戒めとして受けとめられるのではないだろうか。いうまでもなく、このことは現象学的アプローチについても当てはまるものであろう。

## 3 「語り」の記述による触発の可能性

論旨を現象学的アプローチにおける「個性記述的一般化」の問題に戻そう。西は、現象学的研究を含む現在の人間科学研究に対して、「方法の優越」とでもいうべきものを感じるという。それは、「方法がほしい。方法さえ与えられれば、それでもって論文が一本書ける。便利な方法はないか」というようなものとしている。そのうえで、西は、「人間科学の研究は、そのプロセスじたいが、語り手と聴き手の双方において、また研究の読み手のなかにおいても、他者理解と自己理解とを深めていくようなものであってほしいし、またそうあるべきだろうと思う」と述べている〔西 二〇一五：一八三〕。西による人間科学とは、「人を支援する実践に役立つような」科学のことを意味しているとのことである。

西はまた、現象学的な人間科学について、フッサールの現象学的方法における「人間の体験世界の一般的な構造の取り出し」に言及しつつ、そこでの一般性とは、「特殊な条件のもとにおける一般性を探ることになっていかざるを得ない面がある」としている〔同書：一二二〕。

さらに西は、フッサールが考えたエビデンス（明証性）とは、本来、「自分の体験を反省してみると『確かにこうなっている・そうとしかいえない』ということ」で、このような体験反省のもつ確実性ないし不可疑性のことをいう、としている。西自身は、このようなエビデンスのことを、自然科学等における「経験科学的エビデンス」と区別して、「（体験）反省的エビデンス」と呼ぶことにしているとのことである〔同書：一二四〕。そのうえで、人間科学がより実態にふさわしい自己理解をもつために、「反省的エビデンスを駆使して人間の体験世界を理解しようとしたフッサールの構想に立ち戻ってみることが役立つはず」〔同書：一二五〕とも述べている。

このことは、先に引用した岸の質的社会調査についての発言のなかで、『この行為はこういうふうに合理的なんですよ』っていうことを言うと、それは僕たちにとって理解可能なものになる」という、いわば「他者の合理性の理解」に関する見解と共通するところがあると考えられる。

それでは、「人間の体験世界の一般的な構造の取り出し」、「特殊な条件のもとにおける一般性を探り」、「他者の合理性の理解に努める」ことを通して、「個性記述的一般化」をめざすためには、どのようなデータの分析方法が適切となるのであろうか。西は、そのひとつとして、鯨岡峻の提唱する「エピソード記述」を挙げており、人間科学的実践として非常に重要なものと考える、としている［同書：一七五］。「エピソード記述」では、事例の背景にある状況を明示し、自分自身が感じたことを赤裸々にエピソードとして記述し、それについての考察を加える、という手法がとられる［＊6］。

また、現象学者の村上は、看護師の「語り」を分析するなかで、現象学的な質的研究は、誰かの経験の布置は誰かの布置と響き合う、としている。そのうえで、「ここで問われているのは（共通項や、典型的な事象という意味での）普遍性ではない。そうではなく、触発するかどうか、意味を持つかどうかということであり、そこにおいては特異な一例なのか典型的な事例なのかという区別は重要性をもたない。この〈触発する構造〉のことを、私は『真理』と呼ぶことを提案したい。…［略］…私たちにとって真理とは触発力を持つ現象＝リアリティが生起する構造のことである」と述べている［村上 二〇一六：二二七―二二八］。

触発（inspiration）とは、広辞苑（第七版）によれば、「①物に触れて爆発・発動すること。②感情・衝動・意欲などを誘い起こすこと。」となっている［『広辞苑（第七版）』：一四六七］。村上のいう「触発」、あ

＊6 「エピソード記述」については、鯨岡［二〇一二］などを参照のこと。

るいは「触発力を持つ現象＝リアリティが生起する構造」とは、具体的にどのようなことを意味しているのだろうか。村上はまた、「しかし現象によって触発されるだけでは現象学にはならない。リアリティを浮かび上がらせることができるような事象の布置を明らかにすることが必要になる」とも述べている［村上 二〇一六：二二八］。

ちなみに、哲学史上で、触発（Affektion）という語に画期的な意味づけを行ったのは、カントが『純粋理性批判』においてだという。そこでは、「我々が対象から触発される仕方によって表象を受け取る能力（受容性）を感性という」［カント 一九六一：八六］ような形で、私たちの認識以前の、感性の受動性を表す際に登場している。これは哲学史においてはよく知られた概念とのことだが、恥ずかしながら筆者は寡聞にして知らないため、触発の哲学的な概念にこれ以上踏み込むのは控えたい。

それでも、現象学的アプローチにおける「触発」の意義を理解するうえで、西村による次のコメントは参考になると思われる。それは、現象学的な考察の意義とその実際について、西村による口述を基にしたテクスト（対談記事）からの記述（発言）である［西村・山本 二〇一五：五三二］。

> 現象学的な研究の場合は、読み手が記述を読むことで、読み手自身の経験に触発されて自身がいままで自覚していなかったことに自覚的になり、それまでの経験の理解を更新させ、それを実践に活かしていけるという、そういう循環が起きるとよいのではないか。

筆者は、現象学的アプローチの成否は、一般的な構造の取り出しとともに、西村による、研究成果の読み手が「自身の経験に触発されて自身がいままで自覚していなかったことに自覚的になり、それまでの経験の理解を更新させ」ることにつながる「語り」を聞き手（研究者）がとらえ、記述として提示することができるかどうかにあると考える。そのことによって、「生きられた経験」の意味や価値が浮かびあがることを期待するものである。

一方で、研究者のメタレベルの視点からの分析とは異なり、現象学的アプローチによる聞き取りの「語り」（トランスクリプト）自体が、研究者（聞き手）にとっての「意図せざる結果」として、読み手に触発をもたらすことも十分あり得るのではないだろうか。それはまたそれで、素敵なことだと思う。いずれにしても、質の高いインタビューによって得られた「語り」のデータとは、おそらく語り手の言葉が、聞き手自身の体験や思いを触発することと同様に、読み手をも触発するものとなり得ると思われる。

また、現象学的アプローチにおいて「個性記述的一般化」を進めるには、研究者・実践者が研究成果について、読者との共通了解を得るために、語りなどのテクスト・データに関わる姿勢として、聞き手が関係のなかで気づいた意識体験、あるいはそれに至った「確信の根拠」をとらえ返し、言葉によって語り手にフィードバックするなど、語り手の言葉（ときには非言語部分も含めて）をどのように受け取ったかを明らかにすることが必要になるのではないだろうか。

右記のことは、手法としても、先に触れた「エピソード記述」における「自分自身が感じたことを赤裸々にエピソードとして記述し、それについての考察を加える」ということと重なるものと思われる。なぜなら、そのことが、お互いの意識体験を共有し、さらなる理解を深めて新たな「気づき」を生む可能性をひろげることにつながると考えるからである。

次章では、実際に社会人の「学び直し」の体験を「聴く」あり方と結びつけて検討していくことになる。また、そのために必要となる、聞き取りを行うにあたっての姿勢や態度、そして心理臨床の知見を参照しながら、「聴く」方法と傾聴の意義についても述べることにしたい。

# 第4章　現象学的アプローチの実践者に求められる姿勢

質的研究における現象学的アプローチを行うに際して、実践者に求められる姿勢および対象者へのかかわり方とは、どのようなものであろうか。

ここでは、主に面接における「聴く」ことの特徴に着目し、実践者に求められる態度や姿勢について確認する。その際、傾聴に関して専門性が高い心理臨床の知見を参考にしながら、現象学的アプローチにおける聞き取りについて、より有効なあり方について検討する［＊1］。

## 1　最も重要な要件としての「聴く力」

### (1)「聴く力」の涵養

まずは「聴く力」である。「聞く」ではなく、本章ではあえて「聴く」と表記するところに、その意味合いを込めている。傾聴の姿勢によって相手とかかわることにより、語り手は安心感のともなう雰囲気のなか、心理的な防衛を解き、自らの体験や思いをこの人（聞き手）に語ってもよいとの判断をすることになる。現象学的アプローチにおける聞き手には、傾聴を通して研究協力者との信頼関係を構築することが求められるといえる。

一般に、対人援助分野の文献などには、傾聴の姿勢に求められる要件として、「受容」「共感」といったことが挙げられていることが多い。あるいは、心理臨床やカウンセリングの入門書では、来談者中心療法の創始者ロジャーズ（Carl R. Rogers, 1902-1987）の「パーソナリティ変化の必要にして十分な条件」[Rogers 1957: 95-103] から、いわゆる「中核条件」として「自己一致」「無条件の肯定的関心」「共感的理解」の三つについて解説しているものをよく目にする。

右記で述べた要件や条件（次節で解説）は、とりわけ対人援助者が習得しておくべき態度として重要なものとされている。しかし、これらは対人援助に携わる者だけに求められるものではない。質的研究の実践者にとっても大いに参考になる態度や姿勢といえるだろう。現象学的アプローチの実践者には、「聴く力」が求められるということを確認しておきたい。

さらに、しっかりと聴くことは、話し手の語る言葉の内容を正確に聴き取るだけではなく、話し手自身も気づいていなかった自らの側面や経験について、新たな気づきをもたらすことにもつながる。このことに関連して、西村は、「インタビューでの語りは、聞き手と語り手が二人で共同して行った経験の更新の現われといえる」とし、「聞き手がいかに問うたのかをつねに分析の俎上に載せておく必要がある」と述べている［西村 二〇一七：三一］。

ここではまず、現象学的アプローチにおける聴き方の姿勢のモデルのひとつとして、中田基明による方法論を紹介する。中田は心理臨床の専門家であり、人間性心理学［＊2］の立場ながらも、メルロ＝ポンティに拠りつつ、現象学的研究の具体的方法として、次のとおり「他者の道筋を自分の道筋にするこ

＊1　現象学的アプローチにおけるかかわりの要件については、岩崎［二〇一七：一七―三三］の一部と重なっている部分があることをお断りしておく。

と」の必要性に言及している［中田 二〇一二：四四］。

他者の振る舞いや表情や言葉などはすべて、その他者が彼の世界や世界内の物事や私自身を含めた彼にとっての他者などとどのようにかかわっているかを、具体的な身体活動を介して、私に示してくれている。それゆえ、その他者と私とが生き生きとした関係を展開していくことによって、他者の他者関係の本質をとらえようとするならば、他者の振る舞いをすぐさま解釈したり、診断のために利用するのではなく、私も他者のそうしたかかわり方を私自身のかかわり方とすることが、つまり他者と共に、他者の想いに即して、私も他者の世界を生きることが求められるのである。

このようなかかわりのあり方はマニュアル化を拒むものであり、実際には実践経験を重ねながら習得していくものなのかもしれない。現象学自体がテクニックを欠く方法だといわれることと共通しているようにも思われる。それでも、現象学的アプローチの実践に取り組む者にとっては、より効果的な習得方法の開発が求められるといえる。

### (2) 自身のあり方をふりかえる「自己覚知」の能力

前項で述べたように、傾聴するために必要な条件にはさまざまな概念があり、ビジネス書などを含めたコミュニケーション関連の入門書などには、そのためのノウハウの紹介や解説がなされている。しかしそれらのことについての知識を得るよりも、聴く者としてそれより前にやらなければならないことがある。それは、「聴く」ために「自分を知る」ことである。

「自分を知る」の自分とは、心理学的には「パーソナリティ特性」や「行動特性」となるが、一般には自分の「こころのクセ」を知るといった感じで理解すればよいだろう。たとえば、ふだん自分が他者のどういった言動に対して不快な思いを抱くのかを意識し、その経験を通して自分自身がどのような価値観や心の特性を持っているのかに気づいておく、というような作業をいう。そのことによって、とくに自分が良好な人間関係を築くうえで不都合となる「こころのクセ」を知ることができる。

このような「こころのクセ」とは、自分のなかに刷り込まれた考え方や価値観であり、主に成育歴や生活歴のなかで長年にわたって形成されてきたものとされる。したがって、それに気づいたからといって、すぐに変えられるというものではない。まさに「三つ子の魂百まで」とはよくいったものである。それでも、「こころのクセ」を知ることによって、自分の態度や感情の動きを客観的に（というより対象化して）みることが少しずつできるようになってくるのである。

自分自身を知り、自分の「こころのクセ」に気づくことを、対人援助の分野では「自己覚知」（self-awareness）という。相手の話を受容・共感し、しっかりと気持ちに寄り添って聴くためには、ある程度の自己覚知ができていなければ、自分の「こころのクセ」が影響して対話に歪みが生じてしまい、信頼関係を築くことができなくなることがある。

自己覚知とは、自分自身の傾向や特徴を見いだす作業ともいえる。これを促進していくためには、自らの人生と生活体験をふりかえっていくことが必要になる。それらの個人的な経験を通して、対人援助の方法に限らず、聴き手自身にかかわるさまざまな特性や事柄が形成され、いまに至るまで維持されてきているからである。自己がどのように形成されてきたのかという、自身のストーリーを知ることは、

＊2　行動主義、精神分析に続く心理学の第三の潮流とされる。A・マズローにより提唱された。人間を生きた全体として、還元的にではなく、自由意志を持った実存的な存在としてとらえ、自らの気づきを重視する。そのことにより、人間的な成長が起こりうると考える立場。

とくに援助専門職の養成教育のなかでは重視されている。

また、自己覚知によって、それまで自分を縛っていた「とらわれ」を自覚し、さらに洞察していくことになる。その過程を通して、「とらわれ」から解放されることができる。したがって、自己覚知を促すこと自体が、悩みや問題を抱えている人の援助としても有効な手段となる場合がある。人は悩みや心のしんどさを抱えているとき、誰かに聴いてもらうだけで気持ちが落ち着き、新たな力が湧いて問題に立ち向かっていけるという性質を備えているとされる。

たとえば、カウンセリングの面接場面において、カウンセラーはクライエントの人生体験やそれについての思いを聴くことを通して追体験し、受容・共感しながら気づきを促していく。クライエントが自ら課題に気づくことで、解決への援助が進展するのである。このように、対人援助のコミュニケーションでは、利用者が自身のことや問題解決について気づく機会をもたらそうとする。ただし、それは操作的にかかわるということではない。クライエントからみれば、援助者との対話を通して自分の問題を発見し、問題解決への取り組みをはじめるようになる、というわけである。

もともと、面接とは英語の interview の訳語であり、お互いに（inter）に見合う（view）という意味がある。研究者やカウンセラーなどの面接者が研究協力者やクライエントを観察するばかりではなく、被面接者も面接者を観察しているのである［土居 一九九二：一二］。したがって、面接とは双方向の交流を通して影響を及ぼし合う機会でもある。面接者はただ冷静さを装っているだけでは立ちいかず、相手から基本的な態度や人間性が問われることは肝に銘じておかなければならない。

逆にいえば、インタビューなどを通して対象者の主観的世界を記述できたと思っていても、それは内面の現実を客観的に正しく写し取っているとはいえない。「現実を客観的に」ということ自体が、そもそも発想としてなじまない。それはすでに、インタビュアーと研究協力者らとの相互作用・交流の産物であり、先に触れた西村の指摘のように、インタビュアーの関心や解釈が関与し、何らかの影響を及ぼしているからである。

自己覚知の能力を高めていくことは、現象学的アプローチにおいても、先述のように、意識の外部に客観的な世界が実在する、という確信をいったん保留（エポケー）し、それにもかかわらず世界の実在性を確信するのはなぜかという、その根拠を考える能力の向上にもつながると考えられる。つまり、研究者自身の先入観を括弧に入れ、現象学的な方法に従って、たとえば対象者へのインタビューなどで得られたテクスト・データとしての「語り」をより厳密に分析し解釈していくことに資する、というわけである。

## 2　現象学的アプローチをより促進するために

### (1) ロジャーズの中核条件と技法の関係

来談者中心療法では、カウンセラー主導による問題解決的な心理療法に対して、クライエントの心の内的世界あるいは内的照合枠（Internal frame of reference）を中心に考え、クライエントの主体的な判断と自己決定を尊重するという成長・促進的なアプローチを行う。そこにおいて、カウンセラーの姿勢・態度としての「中核条件」が活かされることになる。

このアプローチは、先述した中田による「他者の道筋を自分の道筋にすること」に関する記述と近似した方法といえるのではないだろうか。またそこでは、フッサール現象学における「直接経験への還元」が行われていることと同じように、自然的態度をいったん停止して「事象そのものへ」、すなわち「直接経験」へ還ること、そして、自然的態度から超越論的態度への変更が実現しているともいえるのである。
現象学的アプローチの実践に限らず、そもそも「聴く」こと、あるいは「傾聴」には、どのような効力や影響があるのだろうか。先にも触れたように、私たちは誰しも、悩みや不快な感情を抱いているとき、誰かにそのことを聴いてもらうことによってすっきりした、気分が晴れたといった体験をしたことがあるのではないだろうか。このように、日常生活においても、「聴く」ことの力を実感することは珍しくないだろう。
たとえば、フォーカシングの創始者として著名な哲学者・心理療法家のジェンドリン（Eugene T. Gendlin, 1926-）［＊3］は、ある講演において、傾聴に触れて次のように述べている［ジェンドリン 二〇〇九a：一六］。

リスニング（傾聴）をこころを込めておこなってもらっていると、人間がどれほどその美しさを開示してくるかを述べておきたい。リスニングは、人間の本性は社会化された内容などではないことを教えてくれる。ただ相互作用的に受容されるだけで、深みのある豊かさが次第に開かれていく。創造的で自己修正的な成長をとげていき、新鮮に発見された期待、個人的な倫理、世界における独自の活動といった実を結んでいく。

次に、より有効な「聴く」ことのあり方について検討する。そのために、ロジャーズの「中核条件」と呼ばれるカウンセラーの姿勢・態度について、あらためてその意義を考えてみることにしたい。なぜなら、この「中核条件」は、来談者中心療法のみに適用されるものではなく、あらゆるタイプのセラピーや支援のかかわりに共通する条件とされているからである［村山監修 二〇一五：一二八—一三〇］。

ロジャーズは、臨床経験にもとづいた理論として、クライエントに建設的なパーソナリティ変化のプロセスが生じるときに、カウンセラーが備えているべき必要十分条件についての理論的な公式化を行い、六つの条件を示した。それが「パーソナリティ変化の必要にして十分な条件」である。これらは一体となって機能するとされている［尾崎 二〇一二：二八一―二八三］。

①二人の人間が心理的に接触していること。
②第一の人（クライエント）は、傷つきやすく不安で、不一致の状態にあること。
③第二の人（カウンセラー）は、関係のなかで一致、あるいは統合されていること。
④カウンセラーは、クライエントに対して無条件の肯定的関心を経験していること。
⑤カウンセラーは、クライエントの内的照合枠の共感的理解を経験していて、その経験をクライエントに伝えようとしていること。
⑥カウンセラーの共感的理解と無条件の肯定的関心が、必要最低限クライエントに伝わっていること。

これらのうち、③「自己一致」④「無条件の肯定的関心」⑤「共感的理解」の三条件は、「本質的な条件（中核条件）」としてとくに強調され、いまやカウンセラーのあるべき態度として広く知られるようになっている。

しかし、坂中正義らは、ロジャーズの「中核条件」は有名であるがゆえに基礎的知識として学ばれれは

＊3　ジェンドリンはフォーカシングという心理技法の創始者として著名であるが、元来の専攻は哲学であり、その半生を通して独自の現象学および現象学的方法も提唱してきている。フォーカシングとは、まだ言葉にならないような、からだで感じられる微妙な感覚に注意を向け、そこから言葉を出していく作業であり、それを促進する一連の技法を指す。

するものの、どれだけの人がこの態度条件と真摯に向き合い、その意味を深く理解しているのか、甚だ疑問に感じざるを得ないと指摘している〔村山監修 二〇一五：i〕。

たとえば、③「自己一致」について、カウンセラーの模範的な「あるべき姿」として見做されるかもしれないが、実際はそうではない。むしろ、カウンセラー自身の抱くマイナスの感情にも向き合い、純粋で偽りのない姿でいようとすることが大切なのである。また、誤解してはいけないのは、カウンセラーが自分の感情をすべて包み隠さずクライエントに伝えることが自己一致の態度ではないということだ。クライエントに伝えるかどうか、伝えるとすればどのように伝えるかを、自分の内的体験をていねいに吟味しながら考えていくこと自体が、この態度条件の本質だといえるのである〔同書：ii－iii〕。

また、カウンセリング等を学ぶ人のなかには、「中核条件」を面接や聴き方の技法として解釈している向きが少なくないと思われるが、「中核条件」は技法ではない。その点について、池見陽は、「受容的な聴き方」や「共感的な聴き方」といった聴き方の技法が存在するわけではなく、あくまでも「中核条件」にもとづいた、あるいは特徴づけられた「傾聴」という聴き方があることだと指摘している〔池見編 二〇一六：二九〕。

そもそも、「中核条件」を技法としてとらえると、具体的にどのようにして「聴く」のか、手法の実践がかえって難しくなるのではないだろうか。「聴く」ことの肝は技法にあるのではなく、やはり聴き手の態度や姿勢が最も重要な要素だと考える。さらに、クライエントなどの話し手が語る内容をただ正確に聴き取るということよりも、むしろ「聴く」ことを通して、あるいはそれをひとつの契機として、話し手の心に新たな何かが起こることに大きな意義があるといえる。

る。

## （2）体験の流れを促進する

対人援助領域の傾聴においては――ここでは「現象学的アプローチによるかかわり」と読みかえてもよい――最も聴かれるべきものは、事実面やいわゆる事柄ではなく、クライエントの感情とされている。しかし、かかわりとしてはそれだけでは不十分である。ロジャーズの中核条件を含めた、カウンセラーが備えているべき六つの条件の名称が「パーソナリティ変化の必要にして十分な条件」とあるとおり、そこにはクライエントや話し手の内面に何らかの変化がもたらされるものでなければならないからである。

つまり、傾聴の姿勢によるかかわりによって、話し手と聴き手の相互作用のなかから変化が生じるということだ。そのことが契機となって、話し手にとっての新たな気づきや認知の変容がもたらされることにつながるのである。換言すれば、現象学的アプローチとしての「聴く」ことを通して、話し手の体験が新たにまた動き出していく、あるいは流れていく、ということになる。

筆者は、語り手に起こる心の変化について、最も的確でリアリティに富む表現となっているのは、ジェンドリンによる「体験の流れ」（experiencing）［＊4］［諸富・村里・末武 二〇〇九：一三］という概念ではないかと思っている。そこでは、私たちはこの世界で互いに、意味のある体験の流れを生きている。そして「体験の流れ」とは、個人の内側につねに存在する「感じ」の流れを意味しているとされる。ここで再び、ジェンドリンの語る言葉を引用しておきたい。「聴く」ことによるかかわりと「体験の流れ」の関係が、鮮やかに述べられていると思われるからである［ジェンドリン 二〇〇九b：一四］。

＊4　一般には「体験過程」とする村瀬孝雄による訳語が定着しているが、「過程」という語から連想される時間的経過を必ずしも含意していないことから、諸富祥彦は「体験流」という訳語を採用している。本書では、「体験の流れ」と表記する。

誰かが何かを話していて、そのことを理解したいと思うとき、私たち、フォーカシングを学んだ者は、相手の体験流に注意を向ければいいことを知っている。相手の人にたずねてみて、こちらの理解が誤っていれば修正してくれるはずである。何度も何度も修正してもらっているうちに、また新たな理解にたどり着けるはずである。そこで私たちは、相手の人がそこから話をしている絶えず変化していく感じの流れと、相手の人が発する言葉や文章をかかわらせていくのである。

また、ジェンドリンは、話し手が自分に感じられる「体験の流れ」に触れている場合は、「必要になった新規の事実」が現れてくるとも述べている。そこでは、話し手の「感じ」に触れている話を聴くとき、最初にインプットした事実関係よりも多くの情報がアウトプットされるのである〔ジェンドリン 一九八二〕。

すでに述べてきているように、現象学的研究の主な目的のひとつが、クライエントの「生きられた経験」(lived experience) を明らかにすることであるとされる。「生きられた経験」とは、「意識の流れのなかで素朴に過ぎていく体験が、反省的な眼差しによって一つの統一体として捉えられる『意味のある体験』となること」といえる〔岩崎 二〇一六b:一四―一六〕。「生きられた経験」に迫ることとフォーカシングにおける「体験の流れ」への注目は、大いに共通するところがあるといえるのではないだろうか。

池見は、心理療法面接は人がおかれている状況や人生を「振り返って観る」場であるとしたうえで、むしろ話すことによって、ある状況や人生の一局面を省みるのだとしている〔池見編 二〇一六:八二―八三〕。また、フォーカシング・セッションにおけるセラピストとクライエントの関係について、「関係性(相互作用)は反省以前的に私たちに作用するが、反省するまでは関係性に何が影響したのかを知ることはできない」とも述べている〔同書:二〇四〕。傾聴によるかかわり、ということで面接のあり方をみた場合、「生きられた経験」を明らかにする現象学的アプローチと「生きづらさ」の意味や本質に触れる心理療法には共通するものが多くあり、ある面では通底しているといえる。

ここで少し、あらためて原理的な側面に触れておきたい。「体験の流れ」を推し進めつつ、経験の新しい側面を浮かびあがらせ、さらにそれが動いていくようなかかわりは、従来の現象学のアポリアとなっていた「言語による図式の押しつけ」を乗り越える道を拓くことにつながるものと考える。現象学は、意識に直接与えられるもののみを認識の確かな根拠とし、経験はあくまでも意識のなかでその意味を獲得していくとみなす。しかしながら、生きられた経験をありのままに、何の概念図式も押し付けずに記述することは不可能である。現象学者が経験を純粋に現象学的に記述しようとした結果、矛盾を招くことになるのである。

右記のいわば「言明の恣意性」ともいえる難問に対して、現象学的アプローチにおける記述などの言明の役割は、まだ気づかれていない暗黙の側面を指し示し、その側面を明らかにすることで新たな気づきをもたらすことが重要である、というのがジェンドリンの考えである。このような、静的な実体よりも「過程」を重視するジェンドリンの視座は、質的研究にとっても新たな可能性を切り開くことになるのではないだろうか[＊5]。

諸富は、現象学が抱える難問へのジェンドリンの視座について、「ジェンドリンの現象学はフッサールの現象学の基本姿勢の徹底により、その内在的問題の克服を意図したものであると言えるだろう」としている。またそれは、ある言明が個人の意識の内部で「疑いえないものとなっていく」＝「妥当性を獲得していく」過程であると述べている〔諸富 二〇〇九：一四三〕。つまり、ジェンドリンにおいては、言明

---

＊5　体験流の理論とジェンドリンの哲学との関係、とくに現象学からの影響等については、三村尚彦〔二〇一二〕が詳しい。

の真偽は、その「内容」の妥当性に関してではなく、「体験の流れ」に沿ってそれが使用されていく「過程」に関して問われることになる、ということである。

本章では、現象学的アプローチの方法原理をふまえて、主に具体的な行為としての「聴く」ことの特徴に着目し、主に代表的な心理療法のひとつである来談者中心療法の傾聴のあり方と照らし合わせながら検討してきた。

それでも、心理臨床やカウンセリングの基盤である臨床心理学も、ひとつのディシプリンである。また、臨床心理学の領域にはさまざまな学派があり、すべてに共通する理論があるわけではない。したがって、学問の基礎づけとしての現象学的な視点によれば、原理的には、心理臨床の知見をエポケーするという選択肢もありうるといえる。心理臨床の枠組みに過剰に「とらわれ」てしまうことになれば、それこそ本末転倒になってしまうと考えるからである。

それはともかく、現象学と人間性心理学は、もともと共通するオリエンテーションを持ち、現象学的アプローチと人間性心理学にもとづく心理療法である来談者中心療法には、対象者へのかかわり方や「聴く」姿勢についても共通するところが多いことは明らかとなったといえよう。また、傾聴を行ううえで、重要となるのは技法ではなく、あくまでも聴き手の態度・姿勢であり、その視点にもとづいて「中核条件」も理解されなければならないことも確認された。

そのうえで、本節では、現象学的アプローチをより進展させていくには、クライエントや研究協力者の「生きられた経験」を明らかにするという現象学的研究の目的に向けて、単に何かを読み取り、明確な言葉で記述するだけでは不十分であることがわかった。そのことに対しては、ジェンドリンによる「過程」を重視した「体験の流れ」を促進するかかわりが重要であるということが示唆されたといえる。

## 3　現象学的アプローチにおけるインタビューのあり方

ここでは、「語り」の聞き取りに関する具体的な方法について検討する。実践として、どのようなインタビューのあり方［＊6］が、対象者の「生きられた経験」の意味に接近していくことに適したものとなるのであろうか。

具体的なインタビューの方法としては、一問一答形式、いわゆる閉じられた質問をくり返すインタビューでは、語りの文脈や流れが途切れてしまうことになりかねない。また、語り手は閉じられた質問によって一方的に繰り出される質問に圧迫感を覚えて、信頼関係（ラポール）を損ねることにもつながりかねないというおそれがある。

この点に関連して、西村は、「研究の場合は、もちろん目的をもってインタビューを行うが、その目的にかかわることを焦点化して聴き取ることによって、研究者の枠組みを相手に押し付けてしまっている可能性がある」［西村 二〇一七：三〇］としている。また西村は、一方で、「インタビューはきわめて介入的な調査法であり、これまで自覚していなかった語り手の経験を、その場で生み出し、意味を更新させている可能性がある」［同書：三二］とも述べている。

インタビューを非日常的な実践の場としてとらえ、そこでの語りは、語り手と聞き手の相互作用による対話を通しての経験の更新が生まれる可能性を有しているとすれば、やはりインタビューの方法とし

＊6　現象学的アプローチにおけるインタビューのあり方については、岩崎［二〇一八：八七―一〇二］の一部と重なっている部分があることをお断りしておく。

ては、非構造化、あるいは半構造化面接が適しているといえよう。

現象学的アプローチにおいては、フッサール現象学にもとづいた「認識の可能性の原理」があることはすでに述べたとおりである。しかしながら、現象学的アプローチを含む現象学的研究にはマニュアルや決まった手順がなく、研究テーマによって、それに適した方法を探求しなければならない。

そのなかで、対人援助や医療的ケアの領域においては、現象学的な視点やかかわりに関する先行研究が比較的多く、近年はさらに増えてきている傾向がうかがわれる。それでも、研究手法のアプローチや分析の方法については、村上が指摘するように、「師匠が見本を見せて、弟子が芸を盗むという形で伝承されることになる芸事」［村上 二〇一一：一四八］といわれるほど一般化されにくいものといえる。

ここまで述べてきたことを踏まえて、筆者自身が強く感じるのは、「聞き取り」というかかわりの幅広さである。そのため、現象学的アプローチにおける有効なインタビューのあり方を明確に提示することは、そう簡単ではないといわざるを得ない。しかしながら、その難しさこそが質的研究の特徴というか、あたかも明確化を拒否するかのような性質だからこそ、多様な「生きられた経験」に柔軟に触れることが可能となるのかもしれない。

第2章から本章までの考察を踏まえて、「生きられた経験」から「触発」されるリアリティを浮かびあがらせ、「反省的エビデンス」に目配りしつつ、「他者の合理性」を明らかにしていけるよう、筆者自身も現象学的アプローチによる質的研究に取り組んでいきたいと考えるものである。

本書では、主に質的研究のあり方について述べてきたが、筆者は、量的研究を決して否定するものではない。質的研究が疑似自然科学［西 二〇一五］に陥ることなく、量的研究と相補い合うことで、より実りの多い研究成果を出すことができるものと考えている。量的研究による経験科学的エビデンスに支えられることにより、質的研究、なかでも現象学的アプローチでは、触発、そしてそこに生じるリアリティが説得力を増すことにつながるものと考えられる。

それは読み手にとっては、たとえば「腑に落ちる」といった体験をもたらすものになるといえるのではないだろうか。

Episode 2

# 一九九六年、学び直しの取材を受けた

じつは私自身、社会人大学院で学び直しをしているときに、雑誌の取材を受けたことがある。リクルート社発行の習い事・資格スクールの月刊情報誌『ケイコとマナブ』によるもので、「もう一度大学で学んだクロス学歴者たちの卒業後」という特集記事の一部として掲載された。

「出版社勤務から臨床心理カウンセラーに　学び直す中で、自分の進路がクリアに見えてきた」という見出しで、カラー写真入りで一頁のインタビュー記事である［＊］。一九九六年一一月の発刊となっている。

その記事から、恥ずかしいが少し引用してみる。

武庫川女子大学大学院臨床教育学研究科に学ぶ岩崎久志さんは、現在、その〇〇スペース（ひきこもりの人たちの相談機関）で非常勤のスタッフとして、カウンセリングにあたっている。来年四月の卒業後は正式スタッフとして就職する予定だ。

以前は医療関係の専門出版社に勤めていた。小さな会社だから、営業・企画・編集、全てをこなし、その仕事で全国の医療機関を回り、現場の実態に触れた。しかし、出版社のスタッフとしては、どうしても傍観者的にならざるをえない。出版がマスを相手にするならば、もっと自分の手が届く個の問題に直接かかわりたい。マスから個へ。そんな風に意識を転換して、岩崎さんは会社を辞める。いずれは心理・福祉分野の対人援助を仕事にしよう、と決めて。（カッコ内は引用者による）

いま読み返すと、事実誤認というレベルではないが、いささか粗っぽくまとめられているなぁ、という感じである。もう記憶が定かではないが、おそらくゲラを確認するということもなかったのではないだろうか。私の語りも、次のように挿入されている。

「会社を辞めた時には、何をやりたいのか、進路の具体的なプランがあったわけではなく、かなり漠然としたものだったのが、大学（院）で学ぶ中で、それこそ一週間ごとにクリアになっていく感じでした。」

「心理や福祉の関連の資格や学校が人気のようですが、社会人が学び直して、それを仕事にするとなると現実は厳しいのは事実ですね。」

しかし、それにかわるやりがいや手応えを岩崎さんは感じている。

「一言もしゃべらなかった若者が、三カ月、半年と付き合ううちに、少しずつ会話に参加してくるようになる。そういう変化がうれしい。そして若者達と接することが、自分自身を見つめ直す機会にもなるんです。」

なんというか、ポジティブな部分をすっきりとまとめられてしまっているという気がしないでもないが、虚偽にあたるところはない。ただ、質的研究として聞き取りを分析することとは、随分と手触りが異なるものとなっていると感じる。これをひとつの取っ掛かりとしつつ、自分自身の研究姿勢を顧みながら、思い込みなどに縛られていないか、あらためて確認することを怠らないようにしたいと思う。

ちなみに、本記事には「来年四月の卒業後は正式スタッフとして就職する予定だ。」とあるが、私はその前月に退職することとなる。この年の四月に新たに開設された博士後期課程に進学することになったからだ。人の人生とは、どこでどのように変化していくのか、簡単には予測がつかないものである。

＊雑誌『ケイコとマナブ』第四巻一一号、リクルート、一九九六年一一月、二〇四頁。

# 第5章　「学び直し」の聞き取り

本研究のテーマは、大学院にてリカレント教育を経験した社会人の、その人にとっての「学び直し」の意味や価値に、現象学的な視点から迫ることにある。本書でこれまで述べてきたことを踏まえて、学ぶ側の視点に沿って、社会人大学院修了者への聞き取りを行い、その「語り」を通して「学び直し」という経験の実存的意味に触れるとともに、それを記述することを試みた。

## 1　調査の概要

### (1)　聞き取りの方法

本研究は、大学院でリカレント教育を修了した社会人を対象に聞き取りを行い、その「語り」を分析した。聞き取りの方法としては、現象学的な視点から、質的社会調査の生活史法を参照にしつつ、半構造化面接を採用した。協力者の選定については、原則としてスノーボール方式を採用した。

そこでは、①学び直しの動機とそこに至る経緯、②学び直しの感想と自己変容について、③学び直し後の生活の変化とキャリアへの影響、④学び直しの課題、などについて聞き取りを行った。

ただし、実際の聞き取りでは全員に右記の質問すべてをしたわけではない。研究協力者の語りの流れに沿って対話をすることを重視したためである。そのことによって、研究協力者自身もはっきりとは自覚していない経験の前意識的な部分へと接近できるかもしれないと考えたからである。

なお、面接に際しては、十分な倫理的配慮［＊1］を行い、協力者の人権とプライバシーを損なわないよう心掛けた。

以下に引用・分析する「語り」は、二〇一八年八月から二〇一九年五月にかけて行われた「学び直し」に関する聞き取り調査［＊2］により得られた内容である。最終的に、計一五名の方から貴重な「学び直し」の体験について聞き取りをさせていただくことができた。そのなかから、ここでは紙幅等の都合で、とくに詳しくお話をしてくださった六名の方の「語り」を取り上げる。

面接は、プライバシーが保てる場所にて実施した。聞き取りに先立ち、あらためて本研究および調査の内容について書面および口頭による説明を行った。また、了解を得たうえで聞き取りの内容をICレコーダーによって録音した。

インタビューは一人に対して約一時間から一時間三〇分をかけて行った。後日、録音内容のスクリプト化（いわゆるテープ起こし）が完了した時点で、研究協力者（語り手）に聞き取りのデータ（逐語録）を確認してもらい、誤記の修正等を施していただいた。さらに、必要に応じて、再度の面接を依頼し、面接内容の確認や追加の聞き取りを行ったケースもある。

＊1　研究協力者には、予め研究目的や方法、参加は任意であること、収集したデータの厳重な管理、そして結果の公表に際してはプライバシーが確保されることなどについて筆者（研究者）が書面および口頭にて説明し同意を得た。さらに、同意書の署名後に途中で辞退しても、一切不利益が生じないことを確約した。なお、本研究の実施にあたり、筆者が所属する機関の研究倫理審査委員会の承認を受けた。

＊2　本書において引用した聞き取り内容は、「公益財団法人前川ヒトづくり財団」から二〇一八年度に助成を受けて筆者が実施した、「学び直しの現象学的研究――社会人大学院修了者の『語り』を通して――」の一環として行ったものである。

当初、本研究の研究協力者として想定していたのは、社会人大学院の修士課程修了者であった。しかし、なかには修士課程の修了後に博士後期課程に進学した人をはじめ、多様な学びを経験している人もいるため、社会人大学院での学び直しには、博士後期課程等における学びも含めて、自由に語ってもらうことにした。

## (2) 筆者（聞き手）の立場と研究姿勢

すでに述べたように（主に第3章）、現象学的アプローチによって「個性記述的一般化」を進めるためには、語りなどのテクスト・データに関わる姿勢として、聞き手が関係のなかで気づいた意識体験や「確信の根拠」などをとらえ返し、場合によっては、語り手の言葉や非言語をどのように受け取ったかを明らかにすることが必要となる。

そこで、ここでは「個性記述的一般化」をめざすインタビューにおける聞き手のあり方として、聞き手である私自身の価値観や聞き取りのなかで気づいた意識体験などを随所で開示し、記述していくことを試みている。聞き手が自らの思いを開示することを契機として、語り手の「生きられた経験」による「触発力を持つ現象＝リアリティが生起する構造」〔村上 二〇一六〕が浮かびあがることもあり得ると考えるからである。そのことが、現象学的アプローチによりもたらされる特色のひとつでもあると認識している。

また、社会人大学院の修了者への聞き取りに臨むにあたり、筆者にはあらかじめ留意しておかなければならないことが二つあった。ひとつ目は、筆者自身も、じつは社会人大学院の修了者であるということだ。そのことが、本研究の主な動機の形成に影響を及ぼしていることは事実である。そこでまず、筆者自身の「学び直し」の体験にもとづく立場、というよりも「立ち位置」を提示しておきたいと思う。

筆者にとって、社会人大学院での学び直しがなければ、自分は現在とは異なったキャリアを歩んでいたと断言できる。その意味でも、「学び直し」を推奨する施策等の方向性は「人生一〇〇年時代」に適合したものと、自らの体験をふりかえっても実感できる。筆者自身は、社会人が「学び直し」をすることに対して肯定的な思いを抱いていることは確かである。

それだけに、筆者が聞き取りを行う場合は、学び直しに関する筆者自身の体験にもとづく思いを完全に払拭してインタビューに臨むことは不可能と思われる。また、自身の思いを必ずしも拭い去るべきではないとも考える。重要なのは、むしろそのことに気づいていることであろう。とはいうものの、研究協力者と向き合う筆者のコメントや関わりには、右記のことが先入観やある種のバイアスとして働く可能性があることを認識しておかなければならないだろう。

二つ目は、当該研究の趣旨が、生涯学習の推進という方向に沿ってしまうものであることは否めないということである。この点については、ともすると「学び直し」を善きこととして、学び直すと良いことがあるという前提で聞き取りを行うことに傾きかねない。そのことを常に念頭に置きつつ、インタビューを行うべきであろう。実際、本書で紹介する、社会人大学院での「学び直し」を経験した人のすべてが、その後のキャリアにおいて自らが望む地位等に就いているわけではないし、いわゆる世間的にみて必ずしもキャリアアップしているとは限らない。

これらの課題を乗り越え、先入観にとらわれないで質的研究を進めていくためには、研究者にはどのような態度や姿勢が求められるのか。それこそが、現象学的な態度であり、フッサール現象学の方法原理である「現象学的還元」および「本質観取」の過程に含まれていることである。現象学的アプローチを実践する者に求められる態度や姿勢については、第3章および第4章で検討したとおりである。

右記に挙げた二つの課題に、いわば自らが「搦めとられない」ように意識しつつ、筆者は社会人大学院修了者の「語り」にできるだけ真摯に耳を傾けるよう、どこまで実現できているかはともかく、あらためて自身に言い聞かせることを心掛けて研究に臨んだつもりである。

## 2　社会人大学院修了者への聞き取り

ここでは、六名の研究協力者への聞き取り内容を提示する。なお、記載方法として、聞き手である筆者の発言はゴシック体で示した。また、（　）内は筆者による補足である。

### (1)　Bさん（三〇代・女性）

Bさん[＊3]は現在、関西の私立大学で福祉系学部の実習助手をしている。雇用条件は年次ごとに契約更新を行う嘱託職員である。九州の大学を卒業後、地元関西の特別養護老人ホームに一年半勤め、介護老人保健施設に転職する。そこでの支援が利用者への最善の選択なのかという疑問を持ち、精神保健の勉強をしたいという思いと、精神保健福祉士の資格を取得するべく、学び直しを決意する。学び直しを行ったのは、二〇代半ばから三〇代のはじめにかけてのことである。そのことを以下のように語っている。なお、聞き取りをしたのは二〇一八年八月、Bさんの勤める大学の実習指導室においてである。

#### 高齢者の思いが通らない介護施設

B：特養で働いているとき、特養に入ってしまったら、そこで亡くなることが普通。利用者にとってこれが最善の選択なのだろうかということに疑問を持って、もっといろんな形があるのではないかということを考えてみたいと思って、新しく大学のときの友達の親戚が立ち上げる施設の老健に移りました。老人保健施設は中間施設だから、そこから家に帰れたり、そこから新しい生活に進んでいくというイメージを持っていたけど、結局たらい回しだったり、家に帰れなかったりする。理想を求めて転職してみたけれど、高齢者の思いはなかなか通らないものなんだということがわかりました。家に帰りたいと思っていても、さまざまな条件が揃わないと帰ることはできない。認知症で家や施設でも看ることができないケースがある。認知症の対応などにも興味をもった。重度の認知症高齢者の行き先が精神病院ということもあり、あらためて精神病院の状況なんかを実際に勉強してみたいと思ったんです。学校で勉強するのが手っ取り早いと思い、精神保健福祉士の養成学校に行くことにしました。

それから、Bさんは大学の恩師に精神保健福祉士の資格を取るために専門学校に行こうと考えていることを相談したところ、施設で働きながら学校に行くのは大変だからと大学の助手の仕事を紹介される。新しい環境で働くのもよいかと思い、転職することにしたという。その後、大学の実習助手をしながら、精神保健福祉士の養成学校（通信制）で学び、さらに通信制の大学院に進学することになる。

――そういう経緯があって大学に就任されたんですね。で、大学院への進学はそのあとになるんですか?

B：そうですね。そのあと六年在籍しました。〇〇大学と△△大学にも通信制の大学院があるので、両方受けて。近くなので新幹線でもすぐなので（約一時間）、〇〇大学の大学院に行って学ぼうと思い、そこに行くことにしました。

＊3　Bさんへの聞き取り内容、およびその分析の一部は、岩崎［二〇一九：一三―二九］の一部と重なっている部分があることをお断りしておく。なお、当該論文では、BさんのことをAさんと表記している。

――大学院に行こうと思った動機は何ですか？

B：もうちょっと勉強したいな、と思ったのと、視野が広がればいいのになと。このままでは手持ち無沙汰というか、何もやることがない（か）なって。そのころ同じ大学の友達も（大学院に）行っていて、勉強しているのを聞いたのも大きいかもしれないですね。そうです。（傍線は筆者による。以下も同じ）。

## 実践に活かすための学び直し

――当初は実習助手という立場ですよね。そのあと、たとえば研究者とか大学教員とか、そういう方向をめざす気持ちはなかったんですか。

B：いいえ。

――えっ、なかったの？

B：自分のなかではなかったです。ここ（勤務校）のシステムとしてもそういうのはなかったし。他のところは上がって行った（昇進した）ら講師になって、とかあるのかもしれないけれど、うちはないですっていうのはいわれてたので。

――たとえば、ここをステップアップのきっかけにして、将来自分がそういう道（研究者への進路）にいきたいとかそういう思いはあるのか…。

B：それはとくにないですね。研究と実践では、福祉ではかなり乖離があって、イメージとして役立つ研究をあまりしてないというイメージが自分のなかにあって、それなら勉強して、勉強したことを実際に活かせる現場に戻るイメージのほうが強いし、いまでもそれはあまり変わってないですね。ある意味研究より（現場・実践での）生き残りを賭けたというか…。

――何か実利的なものではなくて、あくまでも自分の実践で活かすための幅を広げたり、もっといろんなことを身につけたいと…。

B：そうですね。自分はこうと思ってるけど、違う方法がもっとあるかもしれないので、その方法を知りたいとかいう探究心ですね。実際研究のようなことというか、自分で論文書くのもやってみたけど、あまり面白い作業ではなくて。それでもっと劇的に変わるわけでもなくて、それなら一人ひとり接する人とか、自分の近くにいる人が少しでも変わっていけるような方が面白いかなって。でも視点とかつながりとかはそこで勉強はできたから、だいぶ役に立つところはあると思うんですけど、研究者の道を選択するかといわれるとちょっと違うかなって…。

Bさんへの聞き取りは、本研究のテーマにてインタビューを行った最初期のものである。この時点で、聞き手である筆者は、まだ相当、自身の経験の呪縛のなかにいる、という感じがする。それは、社会人が大学院で学び直すことの目的には、キャリアアップがある程度多くを占めているのではないかという思い込みである。ちなみに、その後、大学院修了者への聞き取りを重ねていくと、Bさんと同様に、学び直しによる実利的なところにはあまり価値を置いていない人の方が多い、という印象を筆者は抱くようになっている。

Bさんに大学院進学の動機を尋ねたところのやり取りをふりかえってみると、筆者の《研究者とか大学教員とか、そういう方向をめざすという気持ちはなかったのか》という質問に対して、Bさんはきっぱり「いいえ。」と答えている。しかし筆者はさらに、《え、なかったの？》と半ば驚きながら反応し、《ここをステップアップのきっかけにしたいという思いがあるのか》という趣旨の質問を畳みかけるように重ねている。

また、Bさんの語り口にも特徴がみられる。キャリアアップをめざすということに関しては、Bさんは「いいえ。」「自分のなかではなかったです。」と明白に答えているが、自身の展望に関わる部分については、「視野が広がればいいのになと。」「自分の近くにいる人が少しでも変わっていけるような方が面白いかなって。」というように、断定する口調とはなっていない（とくに傍線を施した部分・以下も同じ）。

右記のように、Bさんの語りには、自身の「学び直し」に対する思いや、内省の過程で価値観に触れるような部分には、過去のことであっても断定する口調とは異なっており、まるで推測するような含みのある表現となっている。その背景には、Bさんの認識に、学び直しに対する未知の可能性に開かれた期待のような思いがあるからではないだろうか。一方で、自らの動機や展望と相容れない事柄については、明白に是非の判断が述べられている。

Bさんの語りを通して浮かびあがってきたことは、Bさんにとって、社会人経験を経て学び直す動機は、国や経済界などが推奨する「労働生産性の向上を実現するために、新たに必要とされる知識や能力等を身に付けていくこと」とは異なるものであり、学び直しの後も、実益（雇用形態や社会的立場等の変更）とは違う次元でその意義や利点がもたらされている、ということではないだろうか。そのことは、大学院を修了した後のBさん自身の変化についての語りにも表出されていると思われる。

## 少し冷静に見られるようになった

――Bさん自身は（大学院に）行く前と比べて、何か自分のなかで変わったことはありますか。

B：（現実や状況を）少し冷静に見るようになったかな。現場にいるときは、誰かが悪いみたいな、組織のなかで上の人が悪いとか、何かができないからどうなんだっていう考え方が、少し勉強してからいまの現状とその問題になってることと、じゃあどうやったら解決できるのかなみたいな、ちょっと分けて考えて、解決に向けて具体的に考えていこうとする思考が勉強したからできたかなって。…問題は大変なことなんだけど、とりあえず整理をして、考えてみて、どうやったらみんながより良い方向に行くのかなみたいなところが入るようになったかな。

――ということは、当初、大学院に行ってみたいと思った目的は、だいぶ叶えられてる、実現しているという感じですか。

B：そうですね。考え方というか、だいぶできるようになったかなと（感じている）。

## 院生のつながりが支えに

終始、飄々とした感じで自らの体験を語るBさんだが、働きながら大学院で学ぶことは、通信制とはいえ、それ相応のハードルを乗り越えての「学び直し」であったことも語られている。

――いざ大学院へ行こうと思ったときに、それなりのコストとか時間とか、ましてや仕事しながらだから、結構その辺は踏ん切りが要ったんじゃないかと思うんだけど、そのあたりはどうですか？

B：あー。いやお金は別に問題なかったというか。通信だったのでそんなにお金自体もかかってなかったっていうのもあるし。あとは、ハローワークのお金あるじゃないですか。

――なんか、訓練給付みたいな…。

B：はい、ああいうのも使えたので使ったりしましたね。時間はとっても大変、思ったより大変だった、スキマ時間でやるのとか。あとは、ウェブでやりとりをしたりするので、レス（返信）が早くとか、他の学生さんともインターネット上でつながって励ますとかがあったので、先生からすぐにコメントもらえたりするのは励みになったり、院生さんのつながりのネットワークのなかでみんながんばろうみたいな雰囲気だったので、くじけそうなときもあったけどその辺はなんとか。

でもまあやっぱり時間が、本読んだりとか。比較的私はゆとりのある仕事というか、(研究と) 関連してる仕事なので、とっつきやすさとか時間的余裕はまだあったかなとは思うんですけど、それでもやっぱりレポートに追われるとか、提出物に追われるとか。土日でスクーリングがあったりするので、金曜日まで働いて土日行ってっていうのがあるので、ゆっくりした休みっていうのがその期間は取れなかったりとか、そういうのはあって。まだ近かったから、新幹線で行き来が楽だったんですけど、他の遠いところの人は、前乗り (前泊) してとかあったので、そういうの聞いてたらまだましかなと思いながらやってましたね。

——当初は週末、土日くらいに通うみたいな、それが一年とか二年とか?

B：でもそんなに頻繁には行かないんですけど、月に一回くらいは土日とか行ってたりするのが、一年生の間は一年間そんな感じ。

——じつはけっこうな負担というか。

B：そうですね。学費以外にも交通費だったり、土日で泊まるお金とか。そういうのとかが、そのときはあんまり考えてなかったけどけっこうお金がかかるなって。学費だけじゃないところにけっこう出ていくみたいなのがあって。だからそれも、ここだったらホテルが安いとか、そういう情報も院生さんで共有しながらだったり…。

時間の確保や金銭面でのやり繰りに四苦八苦しながら、Bさんが大学院のスクーリングに通っているさまが垣間見えるような語りである。そんなBさんの六年間にわたる学び直しを支えていたものの大きな部分が、一緒に学んでいた社会人大学院生たちとの交流にあると考えられる。また、Bさんが学んだ大学院では、社会人大学院生同士の交流を支援する仕組みもあったようだ。

B：スクーリングの一日目が終わったら、社会人恒例の飲み会が絶対ありますみたいなのが、学校から連絡があって、ちゃんと会費いくらです、今回はこの日です、このお店です、みたいな感じで行ってた。

――研究科の方から？

B：そうです。事務局がやってて、何日までに出席出してくださいね、みたいな感じで。

――すごいですね。

B：すごいですよ、だから先生も何人も来て、みたいな。

――まあ、でもそれが学び続ける力につながるというか…

B：そうですね。あんまりしゃべる機会ってないから、そういうところで話したりとかっていうつながりができていく感じは面白いなって思って。

――院生仲間っていうのはやっぱりいろんな人が？

B：いろんな人ですね。（私は）社会福祉の分野で行ってて、（他の人も）福祉の人が来てると思ってたんですけど、栄養士だったり看護師だったり、先生、教員の方だったりとか。結局分野は問わないバックのいろんな人がいて。行政書士とかの人もいて、どんなことをするのかなといったら、空き家問題がフューチャーされてるころだったのでそういう話とか。あとは経済的な、普通に働いてる企業の人、ファンド系の人が、地域のそういうのを立ち上げてやりたいっていうので。だから司法系の人とかも来てたりとか。意外に全然分野が違うっていうのは面白かったですね。やっぱり視点が違うから、福祉だけじゃないそういう視点もあるんだって。もちろん看護師とかリハビリの人とかそういう人もいたんですけど。

――クラスサイズというか、規模的にいったら四〇人とか？

Ｂ：うん、三〇～四〇くらい。多いんじゃないですかね。たぶん受験者数で変わってくるとは思うんですけど、大体それぐらい。

――そのぐらいのゼミ、クラスみたいな形で、発表とか意見交換も？

Ｂ：そうしたりとか、あとは上の人との交流とかもあったりして、だから二年生の発表を聞いてとか。一年生の途中くらいから指導教員を決めるんですけど、指導教員とのなかでも縦のつながりで交流があったりとか。だから論文の書き方を先生からも指導してもらうし、その他の院生の先輩からも指導してもらってみたいな感じで進んでいくっていう。

――基本、学生は社会人で、多くは対人援助の専門職や行政書士みたいな人たちなんですか。

Ｂ：そうですね。そのとき私が二〇代後半だったので若手ですよね。もっとみんな年上で、もうおじいちゃんみたいな、七〇代とか。だからリタイアしてから来てるとかっていう人もいらっしゃって、年齢層も幅広かったですね。

――得たものというか、学んだこともけっこう多かった？

Ｂ：刺激にはなりましたね。

以上、Ｂさんの聞き取りから語りの一部を引用した。Ｂさんは、社会人経験のなかから学びへの内発的動機が生じ、それに則して学び直しを実現していると思われる。ちなみに、Ｂさんの修士論文のテーマは「大学生の自殺予防」ということだ。

筆者には、Ｂさんの学び直しに至る経緯や語りにおける体験の流れに、Ｂさんなりの合理性にもとづくと思われる、触発力を持つ現象のようなものがあると感じた。もちろん、本書で紹介するすべての「学び直し」の語りに対する評価は、それぞれの読み手の判断に委ねられることになる。

### （2）Aさん（六〇代後半・男性）

第1章で紹介したAさん[＊4]である。Aさんにとって、学び続けることはライフワークのようなものなのだろうか。今回、聞き取りをさせていただいた場所も、一昨年（二〇一七年）からAさんが新たに「学び直し」をしている社会人大学院のある駅前ビルの一室であった。職場を定年退職した後、以前とは別の大学院に入学したのである。ここで話題に上る大学院での学びは、約四半世紀前にAさんが最初に「学び直し」をしたときの経験が中心となっている。

A：もともと私も大学出たときに大学院は行きたいなという憧れ的なものを持っていたのですけれど、就職をしたから。で、それでそういうことは勤めて一〇年以上経っていましたから、全然考えてなかったのですけども、社会人でも行けるということで。で、募集要項をさっそく取り寄せてですね（一八頁）。

聞き取りをさせていただいたのは二〇一九年の二月。Aさんは、いったん語りはじめるとなかなか話が止まらず、怒濤の如く語り続けられた。聞き手の私は、話に聞き入って、ひたすら傾聴の姿勢に徹していたという印象が強く残っている。まずは、Aさんの学び直しの経験に対する思いについての語りから引用する。

＊4　Aさんへの聞き取り内容、およびその分析の一部は、岩崎［二〇二〇］の一部と重なっている部分があることをお断りしておく。

## 院生仲間からの「触発」

A：社会人大学院ですので、同期に入学された方もそれ相応に社会で一〇年以上のキャリアを持っておられる方が多く、いろいろな領域の方が院生としておられ、非常に私にとって触発されたということが、社会人大学院に行ってよかったなということでした。で、勉強することは大変な思いでしたし、仕事しながら夜間のというのは精神的、体力的にも負担になったと思います。それから大学院の専任の教員から学ぶこともなかなか良かったのですけども、やっぱり、同期の仲間から得る知識というか、触発されることも非常に私自身には勉強になりました。そういうことで、けっこう、修士論文を書きあげることは苦労の連続で、年末年始徹夜したこともいまは楽しい思い出となりました。無事大学院を修了できたことは感無量でした。

——修士論文のテーマは何でしたっけ？

A：「公的扶助の現状と課題」ということで、増え続けている生活保護にどんな問題があるのかというのと、福祉の専門職の問題ですね。福祉の専門職というふうな位置づけでありながら、わが国の生活保護のケースワーカーさんは俗に三科目主事といわれる、福祉を本当に勉強してきた人じゃなくって、そういう履修しているから資格があるんだよと。で、他の部署へ異動したらもうその任用資格はぜんぜん使えませんからね、別段その任用資格があるいうことで、とくに肩書きがあるわけでもなし、自治体によっては社会福祉主事っていう肩書きをつけているところもあるのですけどもね。

この語りのなかで、Aさんはとくに同期の院生仲間との交流において、非常に「触発された」と述べている。これは、社会での実務経験を持っている者同士ならではのこと、つまり社会人大学院に特有の現象といえることなのだろうか。この点については、社会人大学院で学んだ経験を持つ筆者も、Aさんと同じような印象を持っている。

本研究の目的のひとつに、研究成果（語りの分析）の読み手に対して、「触発力を持つ現象＝リアリティが生起する構造」［村上 二〇一六］を提示することがある。Aさんへの聞き取りでは、研究協力者自身が触発された体験を語っている。このことは、読み手にはどのように伝わるのだろうか、興味深いところである。

## もともと、教師になりたかった

じつはAさんと私は、二〇年来の知り合いである。というよりも、私にとっては一回り以上も年上の、良き人生の先輩である。ふだんはほとんど会う機会はないが、対人援助の専門職としても、これまでさまざまなアドバイスや有益な意見をいただいている。かねてから、私はAさんから、学ぶことと教えることに関する強い情熱のようなものを感じ取っていた。聞き取りをするなかで、この機会にそのことについて訊いてみたいという思いが湧いてきた。

――お仕事の事情で、これは学び直さなければということもありましたけども、もともと学ぶことが好きだったというか、わたしの記憶が間違ってなければ、教師とかもめざされていたこともあったというようなお話を前に聞いたことがあるように思うんですけど…。

A：そうですね。私、大学の四年生のときに、やっぱり教師になりたいということで、教員免許取得のため教育実習へ行きました。実習が終了してから、当時、高校の地理を教えていたのですけどもね。学生（生徒）にアンケートを取ったそのなかの一枚に、本職の先生よりも先生らしいなんていう、書いてくれた学生がおり、それで、やっぱりちょっと、教員の道へ進みたいなと思って、社会科の教員免許は、卒業と同時に取ったんですけども、教員採用試験にはちょっと、受からなかったので。もと もと、最初から役所を希望していた訳ではなくて民間企業も一社採用内定していたのですが、なぜ役所をめざしたかというと、ちょっと暇かなという、安易な考えがあって、やっぱり法学部出身やから何等かの資格を取っといた方が良いのではと思って、役所やったら時間があるかなと思って、で、司法書士の勉強しかけたのです。で、それがあにはからんや、役所は暇どころか、最初に配属になった公衆衛生の関係部署の仕事は多忙で、年間行事があらかじめ決まっているわけですね。たとえば予防接種を実施する期間が決まっていたりとか、その他の行事とか。

## ■職免で三〇分の早退

Aさんにとって、念願の「学び直し」が叶ったわけであるが、その実現のためには、職場組織との交渉や種々の調整のための努力が払われていた。この度の聞き取りをして、Aさんとはそれなりに長い付き合いをしてきているにもかかわらず、初めて知ったことも多くあった。やはり、聞き取り調査というのは、非日常の場となることをあらためて実感することとなった。

A：私、職場が五時一五分終業時間でしたので、大学院が五時五〇分からはじまるということで、一時間目の講義は相当遅れて出席になるので、履修可能かと心配になり、人事課と相談し三〇分早く退所させてほしい旨申し上げました。その結果週四日職務遂行に有益であるとのことで、職免という形式を取り、配慮をしていただき解決できました。その当時私の市役所では社会人大学院に入学者が過去にいなかったものですから、基本的にはあなただけ特別にできないということだったのですけども。

せっかく入学許可をいただいたことでもあり、人事当局として、そうしたら福祉に関係のある勉強をするということで、三〇分だけ早退にしましょうと。まあその時間は職免という形で出していただきました。で、それに伴う学費その他の費用は役所として一切出しませんということで了解を取り付けた次第です。いまでしたら、多くの自治体でそういう社会人大学院へ行くのに授業料等費用面で支援する自治体が、結構増えてきたのですけれど、その後元職場でも協定を結んだ大学院なら、一年間の社会人大学院の授業料も全額負担するということで。いまと当時の私の時代とはまあ全然違う状況にありますね。

前例のない状況で、勤務先である市役所の人事課との交渉には、相当のエネルギーが必要だったのではないかと推測される。それ程、Aさんにとって、社会人大学院で学び直すことへの思いは強かったということであろうか。社会人大学院に通うAさんに対する、職場の周りからの反応について、次のように述べている。

A：これがまあ、私が（社会人大学院に）行った当時は本当に珍しかったから、職場では極端に変な言い方したらちょっと浮いた感じで、ええかっこするために行ったのとちがうのではみたいな、中身を知らん人はそんなふうに思われていたのか、なんで特別扱いして、三〇分もそういう職免で早退できるのかというふうな、同じ給料貰ってという、そんな感じがありましたけども。

## ■妻の理解は総論賛成各論反対

Aさんが社会人大学院で学びはじめたのは四五歳のときだという。年齢的にみて、一般には働き盛りの真っ只中にあると思われるが、Aさんの「学び直し」に対して、ご家族の反応はどのようなものだったのであろうか。

A：その当時、私は両親と同居しておりまして、両親と妻、子どもが三人の七人家族でした。長女が高校三年生でしたかね。一番下の子がまだ小学六年生、その子が六カ月くらいのときに両親と同居しだしたんです。それから、何年か経って大学院へ行くということになって、まあちょっと家内の方にもまあ協力してくれということで、あの、私も家内も同じ公務員で、自治体は違うんですけども。保健師の仕事で、結構忙しくて。子ども三人保育所とか学校行って、まあ両親がいてくれたもので、孫の世話をお願いし、そういったことがあり、まあ助かったんですけども。両親も年老いてきて、ちょうど私が大学院行っているときがよかったのです。夜遅く帰ってきてもなんとかやってきて。

（中略）

まあその当時、妻には勉強したいということで、理解は総論賛成各論反対のとこもあって、なんでいまさらそんな勉強をしなければあかんのというふうなことで、別にキャリアアップをめざしていたわけでもないということで、私自身も福祉にまったく興味ない、あんまり福祉わからんかったもので、あまり興味がなかったのですけども、やっぱり学校へ行くことによって、まぁ、福祉に対する興味というのが、増幅してきたということもあって、で、やっぱりそういうことで、まぁ、がんばっているということがある程度は妻も理解してくれていたのだな、と、思って。まぁ、そういう家族の協力があって、私も今日まで来られたと思います。

ご家族の理解については、妻の「総論賛成各論反対」という表現が象徴しているように思われる。それでも、学び直しを進めるなかでのAさんの変化、「やっぱり学校へ行くことによって、まぁ、福祉に対する興味というのが、増幅してきたということもあって、で、やっぱりそういうことで、まぁ、がんばっているということがある程度」は認められて、理解を得ることができるようになっていったということであろうか。

## ■修了後、市長のアドバイザリースタッフに

大学院で学び直した後、Aさんの仕事をめぐる状況や生活面には、何らかの変化があったのだろうか。Aさんが大学院を修了したころは、社会福祉制度の大改革の時代でもあり、その後、期せずして大学院で学んだことが仕事と連携し、大いに役立っていくことになる。

A：私の勤める市は（生活）保護率も高く、多忙な日々を送っておりました。当時の市長は厚生労働省の審議会の委員をしており、生活保護の関係職員を市長のアドバイザリースタッフとして出すよう、指示があったらしいですけども。その当時、私、管理職ではなかったのですが市長のアドバイザリースタッフをせよというふうな指示が出ました。大学院を出たということで、私の方に話が来てしまいました。福祉事務所長にスタッフの面接があったとき、所長自体が私の名前とか顔も知らなかった。それだけ私は職場では、生活保護では認知されていたのですけど、職員としての存在は薄かったようです。あまり存在感がアピールできてなかった、いまから思えば。当時の市長と面接したときにいろいろと質問されたのですが、市長はそれこそ、企画財政畑をずっと一本で役所の職員から市長になられた方で、もう四〇年近く、役所の財政のことはすごくよく造詣の深い方で、私が自分の生活保護の範囲の知る知識を切々と訴えて、一時間くらい話を聞いていただいたことをいまでも鮮明に覚えてい

ます。

大学院を修了後、市長のアドバイザリースタッフに抜擢されることとなったAさんであるが、当該スタッフとしての活動内容については、残念ながら紙幅の都合で割愛せざるを得ない。その後もAさんは同じ福祉の部署で勤務し、その後課長職を五年間担うことになり、そのまま定年を迎える。しかし定年退職後も、再任用という形で、五年間後進の指導にあたった。

A：その後定年退職し、そして再任用職員として長年福祉行政、とくに生活保護にかかわりが持てたことは、良かったと思います。

――Aさんご自身のなかでも、大学院に行かれて、達成感とか豊かになったみたいな感じはけっこう持たれているのかなって思ったのですけど。

A：そうですね、それはありますね。やっぱり、役所だけで定年退職して、終わって、孫の守りしているっていうか、それだけではやっぱりちょっと人生、寂しいかなと思ったりしますね。やっぱりこの歳になってもいろいろできるっていうか、あることが、まあ大学院で学んだってことが相当影響していると思いますね。やっぱり、生活が充実しているっていうか。けっこう、今日は何しようかなって思わなくってももう、カレンダー見たら今日は何処へ行かなあかん、約束しているから行かなあかんとか、予定がけっこう入っていますから。で、それとやっぱり私も、まあ年いってからですけどボランティア、まったくいままで興味なかったですけど、そういうのに入ることによってまあ地域でもちょっとは役に立っているのかなということはありますね。

## 教育との二足のわらじを履く

もともと教師を志望していたAさんだが、教師として教えることに対する並々ならぬ思いのようなものが行動に結びついていると思われるエピソードも、聞き取りのなかで語られている。

A：大学院出てからも役所に勤めていましたけど、介護保険の制度があってその老人福祉の関係でちょっと改革あるからいうことで、大学院を修了した翌年かなんかに、隣の県にある公立の介護専門学校で、「老人福祉論」を教えてくれという、話がありまして。私は公務員でしたから、兼職禁止規定に抵触するのとちがうかということで、教育の関係で出るのなら、というのでしぶしぶ了承を得たんです。ただ給料というか、それはもらってはいけないということで交通費だけ。学校に通う交通費だけ実費でいただいて、役所を週一回休むわけにはいきませんので、毎回二コマずつ授業、二週間に一回二コマ、二週間に一回行くということで、授業受け持ったという。一年間通して。まだ介護保険が、まだ老人保険制度が（できて）まだ十分経っていない時代ですから。それから私が役所の仕事しながら福祉関係の、教育に携わったのが社会人大学院修了して初めての話で。いままで福祉系の人でも大学の教員されていた人が多かったのですけれど、大学院出てまでとか、現場に長いこと勤務されそれから転職された方がほとんどだったので、現場にいながら教育との二足のわらじを履いているというのは、全国的に見ても私が初めてかなというようなことで。

大学院を修了後、Aさんは「隣の県にある介護専門学校」で二週間に一回二コマ、「老人福祉論」の非常勤講師をすることになる。公務員であるAさんは「兼職禁止規定に抵触」するおそれがあるとの指摘を受けるが、「教育の関係で出るのなら」と何とか役所の許可を得る。ただし、「給料はもらってはいけない」とのことで、学校に通う交通費だけを実費で受け取ることになる。それでも、片道二時間近くをかけて教えに行き続けたとのことだ。

おそらく、非常勤講師として外部に出ていくことに、職場内の強い風当たりもまったくなかったわけではあるまいと思われるが、それ程までに教師を担うことへのAさんの思いには強いものがあったということなのであろうか。その後の話は、以下のとおりである。

Ａ：私がそういう福祉系の学校へ（教えに）行っていたから、そこらの教え子が、私があの、その当時の市長さんに、福祉のやっぱり専門職でやらねばあかんというふうな話で、社会福祉士とか精神保健福祉士とか、そういう国家資格を有している人を何人か雇いなさいというのを、何度も助言してたんです。市長さんに当時。それ聞いてくれはって、で、採用する受験生のなかにけっこう私の教え子が何人かいて、で、私の職場ではその学校の出身者いうのがけっこうな数いますよ。で、逆にいうたら私が現職のとき私の部下で配置されていたし、再任用になったときやったら逆に係長で、その部下が私やったりして（笑）。

——それは、なんかものすごい喜びですよね。

Ａ：そうですね。ですからちょっと職場でよく元教え子から先生、先生っていわれるから、職場と学校はちょっと分けなさいっていうのですよ。他の人が聞かれたら、え、なんや、いう感じでね。ですから職場の雰囲気も和やかになりましたよ。

七〇歳を目前にした現在も、Ａさんは福祉系大学等の非常勤講師等をしながら、先に紹介したように、また新たに社会人大学院での「学び直し」を楽しんでいるとのことである。

ここまでAさんへの聞き取りから引用し、その「学び直し」についてみてきた。Aさんの「語り」からは、仕事を通して生まれた「学び直し」への動機が、「大学院制度の弾力化」に促されて実現し、大学院修了後は職場にて市長のアドバイザリースタッフに抜擢されるとともに後進の指導にも従事するようになる。さらには非常勤講師として念願だった教師になる夢も叶えることとなった。

このようにAさんのエピソードをまとめると、社会人大学院で学び直すことは、夢を叶えるためのパスポート――我ながらとても陳腐な表現だと思うが――といった、一種のツールのようなものとして読み手に伝わってしまうのではないかという危惧を抱く。もちろん、そうではない。Aさんの「語り」には、市役所職員でありながら大学院に通うことに伴う、いくつかの障壁やそれを乗り越えるためにAさん自身が立ち向かったことについても述べられていた。

ただ、そのことだけではなく、筆者には、Aさんが社会人大学院で学び直すことを実現したからこそ、新たに断念することになった望みもあったのではないかと思っている。それは、大学教員に転身することである。ここであえて、例外的に言及すると、Aさんは別の会話で、大学教員の公募に何度かチャレンジしたことがあることを語っている。なかには最終選考の段階まで進み、ほぼ就任が内定していたこともあったという。しかしながら、結果的に専任の大学教員になることは叶わなかった。

学び直しを通して、新たにひらけてくる景色がある。しかし、そこで見えている場所に、誰もがたどり着けるわけではない。可能性が広がるということは、同時に諦めることも増えていくことになるともいえる[＊5]。

＊5　本書のEpisode 3「社会人大学院修了者のOD問題」（一六六―一六七頁）を参照願いたい。

それでも、七〇歳を目前にしたAさんの「この歳になってもいろいろできるっていうか、あることが、まあ大学院で学んだってことが相当影響していると思いますね。やっぱり、生活が充実しているっていうか。」という語りを聞いて、筆者は正直にうらやましいと思う。

### （3）Cさん（五〇代後半・男性）

Cさんはキャリア教育を専門とする大学教員である。聞き取りは二〇一九年二月、Cさんの大学の個人研究室にて行った。実務家から大学に転身したCさんは、専任の大学教員になって丸四年が経とうとしている。

## ■人生に深くかかわるキャリア教育をめざして

キャリア教育を専門とするCさんだが、とにかくご自身がユニークなキャリアを歩んできた。大学の事務職員を何校か歴任し、その後に一念発起してフリーランスへ。それから出身大学の現代GP（Good Practice）［＊6］のプロジェクトメンバーに誘われたことが大学院進学への契機となる。当該プロジェクトの終了後に母校を離れ、現任校の特任教員として三年間勤務し、二〇一九年四月より現職就任となった。まずはフリーランスとなるまでの経緯について、以下のように語っている。

C：あのー、大学（の事務職員）ってゼネラリストっていうか、いろんな部署を回らされるでしょ。で、ずっとそういう職歴を積んでるなかで、あのー、就職の仕事が面白いなっていうふうに徐々になってきましてね。で、全然違うその図書館やら管理する部署やのいろいろあるんですけども、まあそういう仕事ってなんかあんまり自分には合ってないなということで、なんかひとつ、就職の仕事っていうのを自分の軸にして、ずっとこう、これからの人生で仕事をこう、深めていきたいみたいなことを思ってたんですよ。で、あのー、四回くらい転職してるんですけどもね。大体八年周期くらいで辞めてるんですよね。で、就職の仕事をしてて、こう、お誘いをもらって転職はしても、結局仕事は一緒なんですよね。就職の仕事って、こう割と、ほんとテクニカルな仕事で履歴書の添削やとか、面接の指導とかっていう。で、もうちょっと自分がやりたいのは、そういうテクニカルなことよりも、人の人生に深く関わっていくような、もうちょっとこう、気持ちに寄り添っていくっていうか、その人の人生にもうちょっと深く関わっていくっていう、そういう興味関心がすごく強くなったんですね。

C：そんなときにあのー、ちょうど二〇〇〇年前後くらいですかね、すっごいフリーターがようさん出てきて、ほんでそのときにCDA（キャリア・デベロップメント・アドバイザー）の資格を取ったんです。それ大学の職員やっとったときなんですけれども。で、あのー、時代はこれからそういうふうになっていくんかっていう、いままではこう、いわゆるその、良い学校行って、良いところに就職すると幸せな人生があるっていう昭和の大きな物語があって、その大きな物語がガラガラっとこう、バブルが弾けるとともにそういう昭和の生き方みたいなのがなくなってきた。で、すっごいフリーターが増えて、ミレニアムの年の前後くらいに就職氷河期の時期に（なった）。で、これはなんか新しい物語がはじまったんかなっていう直感みたいなのがありましたね。そのときにCDAっていう資格があるんですよっということで、いやいままでの就職指導をしとってもなんかちょっと、もうちゃうでっていう、

＊6　文部科学省が各種審議会からの提言等を受け、社会的要請の強い政策課題に対応してテーマを設定し、それに対するとくに優れた大学の取り組みを選定し、財政支援を行うもの。二〇〇四年度から実施されている。

僕らのころの就職活動と違う、みたいなことを思いはじめて、資格取ったんですけれども。で、就職という言葉に代わるキャリア、またキャリアカウンセリングとか、キャリアデザインやとかいう言葉が出はじめた。で、あ、たぶんこれからこういうふうな支援が日本にも必要なってくるんやろうみたいなことを漠然と考えてましてね。そういうなかで転職をしてたんですけれども、大学を変わっても結局就職部におったらテクニカルな仕事なんですよ。でも、そういう転職を繰り返してても、まあ一生、結局その職場が嫌になってまた次の職場に移ったら同じことするんやろうなっていう、そうやないなっていうので、CDAというキャリア、キャリアカウンセラーの資格を活かした、それをもっとこう突き詰めていきたいみたいなことを思ってたときに、えいやっと独立したんですよ。

まず、CDAとは、特定非営利活動法人日本キャリア開発協会が認定しているキャリアカウンセラー資格である。二〇〇〇年に誕生し、二〇一九年五月現在で約一万八〇〇〇名の有資格者がいるとされる[*7]。

Cさんの語る口調は、一貫して穏やかなトーンである。そのなかで、Cさんの状況への違和感というか、それに対する自らの意志やそれにもとづく行動の開始をほのめかすような言葉づかいに、「もうちょっと」や「ちょっと、もう」という特徴的な言い回しがある。

これまで「八年周期くらい」で「四回くらい転職」しているというCさんが、転職しても「結局仕事は一緒なんですよね。就職の仕事って、こう割と、ほんとテクニカルな仕事で履歴書の添削やとか、面接の指導とか」などという言葉には、それなりの説得力が感じられる。やがてCさんは、「もうちょっとこう、気持ちに寄り添っていく」とか、「その人の人生にもうちょっと深く関わっていく」就職支援への興味関心が「すごく強く」なっていき、CDAという資格を活かしたキャリアカウンセリングをしていくためにフリーランスの道を選ぶ。

## ■偶然が重なって、大学院へ

続いて、フリーランスになってから大学院で学び直すまでを、次のように語っている。

C：ちょうどそのときに、やっぱりプランド・ハップンスタンス・セオリー（planned happenstance theory）［＊8］ですね。ほんとうにあのー、偶発された、計画された偶発性じゃないんですけれども。まあいろんな偶然が重なって、フリーランスになったときに、ちょうど○○大学（出身校）でも、二〇〇六年でしたけども、現代GPっていうのがはじまったんですよ。○○大学がキャリアで、GPを攻めたいっていう。で、あのー、母校とのつながりもなんだかんだありましたんで、独立したんやったらうち手伝えへんかっていう話をいただきましてね。GPを作っていってほしいと。○○大学のキャリア教育を四年間、あんたが中心になってやってくれへんかみたいなっていう、渡りに船みたいな偶然がありましてね。そして、そのGPを通すためにプロジェクトに最初から入ってくれというので入りました。そのときに大学からいわれたのが、その間に大学院に行っといてくれへんかっていわれたんですわ。

---

＊7　日本キャリア開発協会 https://www.j-cda.jp（最終閲覧日二〇一九年九月五日）。

＊8　一九九九年にスタンフォード大学の教育学・心理学教授であるクランボルツ（Krumboltz, J. D.）によって提唱された、キャリア形成に関する理論。「計画された偶然性」理論として、キャリアは偶然の出来事、予期せぬ出来事に対し、最善を尽くし対応することを積み重ねることで形成されるというもの。

C：で、もうご推察の通り、まあ院（で学位）を取っといて、まあ○○大学としたらそのまま（私を本採用に）スライドしていくっていう、たぶん、デザインを描いてたと思うんですよね。

Cさんが大学院への進学を模索していたとき、相談に乗ってくれたのが、以前に勤めていた大学のある教員だった。その人の友人がいわゆる旧帝大と呼ばれる大学の教員をしていて、Cさんに会いに行くようにと紹介してくれたという。

C：（前の勤め先の先生が）僕の友達が教員やってんねんっていうので、いっぺん相談に行ったらどうやっていうことで、△△大学のその先生に相談に行ったらまあ、非常にいい先生で。じゃあまあ二年間ちょっとゆっくりしていきなさいみたいなことといわれて。全然ゆっくりできひんかったんですけども（笑）。いうので、まあ応募して受験させていただいて。で、まあ採っていただいたっていうところがきっかけです。

（中略）

――何歳のときに大学院に入学されたんですか。

C：四二歳、三歳くらいですね。

――それから二年間？

C：二年間ですね。週にいっぺん行ってましたね、金曜日。で、えっと三〇単位なんですよ。三〇単位で卒業しました。二年間で卒業修了しました。毎週金曜二時限目から五限目くらいまで。

――そっか。在学中はえいやーっていうのもあるかもしれませんけど、考えたら週一回四コマ。かなりのエネルギーですよね。

C：自分でよく二年間行ったなとは思いますね。まあいま考えると。で、そんなやっぱりあの、英語の本も読まんとダメじゃないですか、一応。発表もありますし。というかもうとにかく輪読輪読で責められて。で、要約要約。でもう、いわゆる研究計画書、それに沿ってっていうので、まあ地獄の二年間でした。いま考えると。でもやっぱり、そうですよね。ここを越えんと次が開けへんなと思ってましたね。

Cさんが入学したのは旧帝大の社会科学系の大学院である。勉学に苦労している様が、随所で語られている。

C：最初ゼミやってて、もうちんぷんかんぷんやったんですよ。恥ずかしい話ですけども。社会学のゼミにおったんですよ。一応ですけれども。すごい抽象度が高いじゃないですか、言葉が。切ってるレジュメの内容が、恥ずかしい話ですけれども、もうそっからですよね。なに、日本語やのに何書いてるかわからへんのですよ。いってる会話も、ほんまに最初全然で、ほんとうに、これ僕が院に行ったときに、こんなん人に見せるの初めてでなんですけど、学生がいうてたわからん言葉をずーっといっててわかれへんことを全部単語表つくっとったんです（と言いながら単語表を見せてくれる）。その、いわゆる専門家のいうことわからないじゃないですか。で、学生がいってることをわからん言葉があったらこうちょっとこう恥ずかしいんですけどメモしといて、で、それをこう調べてました、なんとか辞典みたいなんでね。

Cさんも、本人にも予想外といえる程の多大なエネルギーを注ぎ込んで、見事に二年間で大学院修士課程を修了する。修士論文のタイトルは「職業としてのキャリアコンサルタント」とのこと。

――ひょっとしたら、大学院での学び直しは、その在学期間ってある意味特殊な非日常の時間になっていて、エネルギーもたくさん注いで、それがまたできてしまうようなものなのかなと。

C：いま考えたらそんなんできへんと思うんですけども、できるんですよね。

――なんかもう、修士論文を提出した後って、しばらくよれよれになりませんでした？

C：よれよれなりました。

――あー、一緒や。

C：もう一二月、出すの一月じゃないですか。で、もう一二月とか正月なんて、元旦もなかったですよね。もうずーっとパソコンをどっかで打ってましたわ、喫茶店とか。あと直前ですよね。もう大晦日もなんもなかったですし、もう修羅場でしたね、いま考えれば。ノイローゼなりそうでしたよ、ノイローゼやったと思います。それでも仕事の疲れ方とは違いますよね。

――違いますよね。だから、ある意味社会人や勤め人を続けてたら、あまり使わなかったような部分からのエネルギーを、ある限られた期間で、なんかだーっと出してしまうというか出さされるというか、そういう体験を与えてくれるっていうかね。お話を聞きながら、そういうことって確かにあるなと思ったんですけどね。

Cさんの語りに引っ張られるように、筆者の方から「修士論文を提出した後って、しばらくよれよれになりませんでした？」と思わず質問し、Cさんが「よれよれなりました。」と応えると、聞き手の私もつい「あー、一緒や。」と応答し、自らの体験と共振するように気持ちが動かされて、まるで感嘆するかのように反応してしまった。続いて、「院生同士の交流」、そして「社会人経験を経て大学院で学んだことによって得たこと」について質問をすると、Cさんは即答するかのごとく以下のように語った。

――久しぶりに学生に戻られて、学生同士のつながりや交流みたいなこともけっこうあったんでしょうか。

C：めちゃめちゃ楽しかったですね。時間の流れ方が違うじゃないですか。もうね、とくに仕事をしてたときって、もうほんまずーっと仕事じゃないですか、当たり前ですけど。でも、勉強しているあのゼミの時間っていうのは、なんかこう同じ時間とは思われへんのですよね。ゆっくりと、すごい落ち着いた。勉強はしんどいですよ、でもなんかこう、なんともいえん楽しい、学部のときには感じれんかった、全然ちゃうんですわ。大学ってこんなんやってんなっていう実感がありましたよね。

（中略）

もう、学ぶ楽しさに尽きますよね。勉強ってさせられると嫌なものじゃないですか。生まれて初めてほんまにやりたい勉強、自分でやりたいと思ったことをやる楽しさっていうんですかね。至福の二年間ですよね、学ぶ。大変なんですけど、大変ななかでも、ほんとうに楽しい二年間をすごさせてもらったなっていうふうに思います。もう私はお金に換えがたい二年間やったような気がしますね。

一念発起してフリーランスとなったCさんだが、出身大学から現代GPのプロジェクトメンバーに招かれ、その後の雇用も視野に入れた条件として、職務をこなしながら大学院で修士の学位を取得することが課せられる。大学院での学び直しはCさんにとって外発的に生じた課題のようなものであり、そこでの勉強はまさに「しんどい」ことだったが、それにもかかわらず、学び直しによって得たものは「学ぶ楽しさ」に尽きるとして、大学院で学んだ期間を「至福の」「お金に換えがたい二年間やった」とふりかえっている。

右記のことは、二律背反ではない。それは、Cさんが自らのキャリアの流れを「計画された偶発性」の理論になぞらえていることに示されるように、自身が置かれた環境の変化を柔軟に受け止めつつも、予期せぬ出来事に対して自らの意志で向き合っていこうとする姿勢を有しているからではないかと思われる。

その姿勢は、Cさん自身の職業観にも反映されており、さらに語りとして表出されていく。

## 安定志向とフリーランスへの思いの狭間で

Cさんはフリーランスから再び大学へ、しかも今度は教員として転身していくことになるのである。その辺りの経緯を語るなかで、Cさんは自らの仕事に対する本音を語りだしていく、というよりも、まるでいま、ここで起こっている意識の変容に促されて語りだしている、といった感じで吐露していく。そこでは、第4章で述べたジェンドリンによる「体験の流れ」のイメージに近いことが起こっているように思われる。あたかも、傾聴の姿勢による聞き取りにおいて、言語化の過程や話し手と聞き手の相互作用のなかから変化が生じているかのようだ。そのことが契機となって、話し手にとっての新たな気づきや認知の変容がもたらされることにつながっていく。換言すれば、聞き取りを通して、話し手の体験が新たにまた動き出していく、あるいは流れていく、という感じに近いということである。

C：そもそもは、あのー、見える部分でいうと、あのー、積極的にいこうって自分から自発的に思ってというより、そのタイミングで、そういう、あなたもステップアップしたいんでしょっていう、向こうにもやっぱり独立したってことはひとつ、あのー向こうもそういうふうにとらえてましたし。で、僕自身も、あのー、そんなにベンチャー的な人間じゃなくって、まあ独立してるくせに安定志向なんですよね。あの、独立して成功してる人って、良きにつけ悪しきにつけ、やっぱり吹ける人間じゃなかったら金儲けはできひんのですよ。で、自分はそういうタイプではなくって、フリーランスになってもどっちかいうたらこう自分がメーカーになってどんどんキャリアの教材作ってそれを供給していくってタイプじゃなくって、どっちかいうとこう中小企業の下請けみたいな感じで、×××社（学生の就職支援を請け負う企業）とかそういうところの、こう大きな傘に守られて仕事をこれをやってくださいと、いうふうなところで生業を得てたタイプなんで、だから上が潰れるとどっかの自動車会社の子会社じゃないですけれども、親分が潰れたら僕もぽしゃってしまうようなフリーランスやったんですけども。せやけど、それもいかんと思いながらも、でもやっぱりフリーランスっていうこの言葉の、一回はそういう自由人になってみたいなっていう、その自分のなんとなく夢みたいなのもありましたので。で、飛び出たときには渡りに舟で、○○大学さんから声をかけてもらって。

C：自分の本音の部分でよく考えると、じつは、自分はやっぱりステップアップしたいなって気持ちがあったと思うんですよね。ずーっと事務職員という職域のなかで仕事をしてましたんでね。で、○○大学で教えるようになったり他大学でも非常勤講師とかをしているなかで、やっぱりもう一段階違う立ち位置から、そのキャリア教育とかをしようと思うと、ずーっとアウトプットしてきてましたんでね、自分の持ってる知識を出すっていうことを続けてたんで、ここいらでやっぱり一回ちゃんとインプットをきちんとせなあかんのやろうなと思ってたんですわ。もうひとつ高い段階に自分が上がろうと思うと。で、その良い機会やなっていう思いだったんでしょうね、そういうことも。大学院時代から具体的にそういうことが頭に浮かんでたかどうかはちょっといま定かじゃないんですけども。で、

○○大学からいわれたときにもやっぱり、あ、やっぱりそれはせなあかんなっていうふうに。大変やろうけれどもっていう。そうじゃないとその次の自分自身が成長するというか、こう高い段階、立ち位置から教育っていうのができひんやろうなというのもあったと思うんです。まあ偶然やけども自分にとっては必然やったんかなっていうふうな思いで。いま思えば大学院に行ったというのもありましたね。

Cさんの語りには、もともとが安定志向でありながら、「一回は自由人になってみたい」という思いに駆られて独立したこと、また、「やっぱり吹ける人間じゃなかったら金儲けはできひん」といった、自らのフリーランスの立場における居心地の悪さのようなものも微妙に織りなされている。しかも、Cさんを取り巻く状況の変化とともに新たな思いや気づきが生じていく様が見てとれる。

このような「体験の流れ」に伴う意識の変容といったものは、質問紙や量的な調査では見えてこないだろう。それは、語ることを通してあらためて自覚されることになる、いわば「厚い記述」としての性質を伴った内容だからである。西村は、「対話によって生み出された『語り』のうちに、意識的な反省によっては気づけない前意識的な層における経験が、僅かながら潜んでいる」［西村 二〇〇一：二二〇］と述べているが、まさにそのことを連想させるものである。

## ■キャリア教育をアカデミックなものに

大学院での学び直しを終えて、修士の学位も取得したCさんだが、その後出身大学の専任教員になることはなかった。その辺りのことはいわゆる「大人の事情」が絡んでいたようだが、理由のひとつとして、当該大学ではキャリア教育で専任教員を採用した前例がまだ無かったためということがあったようだ。

結局、Cさんは、フリーランスのキャリア支援をしている仕事仲間で、現在は大学の特任教員をしている知人から声を掛けられて、現任校の特任教員となる。その後の経緯は冒頭で紹介したとおりである。そのことについても、「まあほんとに偶然なんですけどもね。」とごく普通のトーンで語るCさんだった。

Cさんへの聞き取りのなかで、もうひとつ印象的だった話題が、自身とキャリア教育の今後について語られた部分である。

C：CDAの資格を取ってても、どっちかいうたら、現場ではカウンター越しにフェイストゥフェイスで話をするっていう仕事がメインで、下手すると時給換算される人材派遣会社を通しての仕事になる。で、ここちょっとええかっこうしいの話になっちゃうんですけども。それはあかんやろなっていう。やっぱりそのキャリアデザインとかキャリア教育っていうのをひとつのアカデミックなものに、ちょっとアスピレーション、野心家みたいなところもありましたね。大学の方はまだキャリア教育ってなんやねんみたいな、いまもそういうのが残ってますけどね。そんなん全然アカデミックちゃうやんみたいな。で、先生（大学教員）によってはこんなこと大学でせなあかんのかみたいな、キャリア教育自体に対して、かつて社会学がスタートしたころのような感じやと思うんですよ、なんやねんそれみたいな。それを個人的な野心と、こう自分の持ってる職業のプライド的なもんですよね。これをやっぱりひっぱりあげなあかんなっていう気持ちもずっと持ってましたね。で、それを大学のひとつの分野としてこう定着させて、その正規の教員なんかも。一応わかりやすいじゃないですか、大学の先生って。で、そういうのもきちんと確立して、キャリア教育の教員としてちゃんと保険も入れるし結婚もできるし家族も養えるみたいな、そういう職業としてひとつ確立していきたいなっていう。

（中略）

こんだけフリーターが増えてきてて、いままでの就職の物語、求人票をばーっと貼って、僕らの時代のように偏差値ごとに決まっていくっていうのはもう終わってしまった。そういうなかで、キャリア教育・支援をひとつの職業としてそのひとつ定着させたいっていうのが、まあこれはちょっとええかっこうしいの部分なんですけれども、お金とかそういうとこ度外視して、まあ自分のこう、ひとつのライフワークっていうか、あのミッションみたいなもんで、CDAを取ったときから。で、そういうのも、こうぽーんと大学院に行くっていうのが背景として、あ、これはチャンスやと思ったんかもしれませんね。そういうふうなめぐり合わせやろうなっていう。で、それで大学の教員をめざしていって、まあそういうパイオニア的な、こうやるとあとにもいっぱい続く、ああこの仕事で食べていけるんやっていうふうな部分がええかっこうしい、社会的な部分としてあります。個人的な部分としては、大学院に行くということがひとつのやっぱりステップアップ、それとインプットとして、なにか自分に新しい蓄積をしないと説得力っていうのがこう他の先生方や学生に対してもないやろうなっていうふうに思っています。

ここでは、アカデミックな領域においてキャリア教育の分野がまだ「キャリア教育ってなんやねん」みたいにとらえられている状況を変えていきたいという思い、そしてCさんが自らキャリア教育を担う大学教員の「パイオニア的な」存在となって、後に続く人のために道をつくっていきたいといった意気込みを語っている。その際、Cさんがキャリア教育やそこに携わる人の置かれた状況に対して、いわばもの申すようなところには、「ええかっこうしい」という言葉が前置きのように使われている。先述のように、Cさんの語り口は終始穏やかである。しかし、「ええかっこうしい」だけど、という断りが入っての語りには、淡々としながらもどこか有無をいわせないといった語気の強さが伝わってくる気がした。そこには、出身大学でキャリア教育担当の教員としての採用が立ち消えになってしまったことの影響があるかもしれないが、Cさんにとってはこれまでのキャリア全般を通して骨に染みるように感じてきたことがベースにあるものと思われる。

Cさんの語りを聞き手としてふりかえってみると、大学院での学び直しのきっかけは表面的には外発的な動機づけによることのようだが、その前後の経緯も含めて、いろいろな偶然が重なっていることを、Cさんは「計画された偶発性」として受けとめているように思われる。そのことが、新たな内発的動機づけの誕生を引き寄せたのではないかと、つくづく感じるものである。まさにCさん自身が「プランド・ハップンスタンス・セオリー」を地で行く人である、ということに気づいた次第である。

### (4) Dさん（三〇代後半・女性）

## 社会人経験を通して、再び目覚めた災害看護への問題意識

Dさんは山陰地方にある大学の看護学部の助教である。聞き取りは二〇一九年三月、Dさんが勤務する大学の個人研究室にて行った。看護学部の創設時に助手として就任し、学部が完成年度を迎えるこの学年末で丸四年勤めたことになる。この間に社会人大学院生として学び直しをしたDさんだが、Dさんにとって社会人大学院生としての経験は、じつは二回目のことである。

Dさんのキャリアはいささか入り組んでおり、看護の実践と研究・教育の両方が複雑に絡み合っているという感が強い。そのことに配慮されてか、聞き取りをはじめるに際して、Dさんは開口一番に、「年次もあった方が…履歴書を持ってきたので」といって資料を机の上に広げた。

ということで、まずはDさん本人の語りに沿ってみていこう。

D：大学は、兵庫県の公立大学を出ています。看護学部を出てて、そこから病院の方に、大阪に就職しまして、救急の病棟に勤めました。そこで三年間働いてたんですけど、技術に自信をもちまして、海外に行ってみようと勝手に思って、一回辞めてます。それで、インドに行って、なんか（ボランティア等）やってるときに、大学の助手をしないかという話があって、帰国後には、京都の方の大学に勤めたんです。そこで、地域看護学というところで、地域に対する保健師の領域で教えたりしてたんですけど…。

（中略）

大学に勤めはじめたけど、あまり向いてないと思ったんですね、自分は。自分の専門性というのをどうしたらいいのか、わけがわからないようになってました。もう一回病院に勤めようと思って、今度は地元の急性期の病院で。内科に配属されたので、内視鏡とか、看取りとか、終末期の人の抗がん剤の人も多くて。そういう経験をしているなかで、今度は東日本大震災が（起きた）。そのときは、病院勤めをしてました。（当時は）院内の災害対策チームに所属してました。そういうチームを作ろうというのが、看護副部長が言いはじめて、なんだか病棟勤務の私に声をかけてくださって、そっちに参加するようになって、院内のDMAT［＊9］の人とかオペ室の人とか、栄養とか、いろいろ災害支援には、たくさんの部門が絡むんですけど、それぞれがパラパラと集まってくるんですけど、小さいけど、精鋭部隊みたいなところに、私も足をつっこましてもらったというか、そういうことをしてたんです。災害が起こって、そういう人たちは自衛隊の乗り物に乗って現地に行くんですけど、病棟勤務の私は、これはやばい、日本人として行かなきゃいけないと思って、看護部長のところへ行ったんです。私はいまにも行けますと。荷物もそろえて。ちょうど、夜勤明けの日の午後三時前にテレビをみてたら、あれが起こったんで、津波が。あーと思って、大学のときの思いもあったんだと思うんです。災害支援、ボランティアに、自分ができることがあれば、駆けつけるというのは、当然のことだという思い込みがあって。止められたんですけど、結局。目の前の患者を無視して行くのかと問われてしまい。かなり西日本は冷めてて、緊急性を感じてなかったんかなと思うんですけど、行けなくて、少し忸怩たる思いがありました。

大学の看護学部を卒業後、Dさんは病院の救急病棟で三年間勤め、「技術に自信をもち」、「海外に行ってみよう」と思って病院を辞めて、インドに行く。インドで「なんかやってるとき」に、大学の助手をしないかという話があった。帰国して半年後に京都の大学に勤めることとなった。

そこの大学で教えていたのは地域看護学の領域だが、「自分の専門性をどうしたらいいのか、わけがわからないようになって」しまい、Dさんはそこでの仕事を自分には向いていないと思うようになる。そして、大学を辞めて地元の急性期の病院に転職することとなる。

そして、東日本大震災が起こる。院内の災害対策チームに所属にしていたDさんは、「これはやばい、日本人として行かなきゃいけない」と思って看護部長のところへ申し出に行くが、「目の前の患者を無視して行くのか」と止められる。

Dさんは「少し忸怩たる思い」を抱きつつも、とどまらざるを得なかった。

---

*9 災害派遣医療チームのこと。「Disaster Medical Assistance Team」の頭文字をとってDMAT（ディーマット）と呼ばれる。医師、看護師、救急救命士やその他のコメディカル・事務員等で構成される。大規模災害や事故などの現場に、おおむね四八時間以内に活動できる機動性を持った、専門的な訓練を受けた医療チームである。

Dさんが災害支援に関心を持ったのは、「大学のときの思いもあったんだと思う」と語られているように、看護学生時代にさかのぼるようだ。

D：（もともと）看護師になりたい熱い思いがあったわけではないですし。ずっと警察官になりたかったので。高校の夏の終わりぐらいまでは。警察官になろうと思っていて、進路指導に怒られてますから。そして自暴自棄で看護師を選びました、ほんとは。入口はそうだったんです。警察官になれないんだったら、体格基準の問題でなれなくって。そっちになれないんだったら、人に役立つ仕事でいいかなと、適当に選んだ。当時のセンター試験とかで、（科目の選択が）厳しく求められない国公立（大学）で、海が近いところで、海が近いところがよかった。そして、ここかなと思ったところが、たまたま○○大学で、そこしか受けなかったんで。運よく通ったということで、ぜんぜん大学のときの勉強が、論文以外は「楽しかった」という記憶が残ってないんですよ。講義の中身に必要性を感じられずに。授業は寝るもんだ、と思って行ってた。

自身のやりたい仕事へのこだわり、そして災害支援への思いを熱心に語るDさんだが、意外にも「看護師になりたい熱い思いがあったわけではない」「ずっと警察官になりたかった」とのことだ。そのDさんが、学部での勉強で楽しかった記憶が残っているというのが、卒業論文への取り組みだったという。

D：神戸に近かったので、震災復興住宅がありまして、二〇〇四年ごろは（阪神淡路大震災から）九年ぐらい経ってますかね。震災復興住宅の問題もピークにあったわけではないんですけど、孤独死の問題もあって、地域活動として「まちの保健室」を（大学が）してたので、また、（それをしていたのが）ゼミの先生だったので、復興住宅に対する、「まちの保健室」の看護のボランティア。そのなかで、学生が地域の問題に対して役立っていけるか、どんな役割が担えるかを卒論のテーマにして、フィールドノートを取ったりとかしてたんです。なので、震災の影響を背景にしながらの、地域の生活復興のところですね、そこにちょっと関心を寄せたのが入口だったような気がします。

Dさんが学んだ看護系大学は阪神淡路大震災の被災地に近く、震災復興住宅に対する「まちの保健室」を設けていた。Dさんはそこで看護学生ボランティアとして活動し、その活動に関連したテーマで卒論もまとめた。これらの経験を通して、Dさんは災害支援や地域の生活復興に関心を持つようになった。そして災害支援への問題意識が、さらに専門的に学ぶことを決意するまでに高まっていったのは、社会人として臨床に携わるようになってからのことだという。

D：社会に出て、患者さんに対応するなかでいろいろと問題意識が持てるようになってきたのかな。専門性とか考えるときに、知識が要るな、と思って、本も買ったし、けっこうノートもまとめながら、いろんな処置とかにあたるようになったんですよ。いい加減じゃできない、と思って。説明できるようにならないといけないと思って、研修にも行くようになったし。社会に出て、意識が変わった。必要性というのが、災害なんかもそうなんですけど、自分のなかに、（聞き手である筆者が）内発的とおっしゃってくださいましたけど、したい思いができてはじめて、大学院というところに、きっかけができたので。

D：そんなことがあって、地元（西日本）の医療系大学があるんですけど、看護の。そこに災害看護の大学院があったんです。（勤務先の）上司がすでに（学び直しに）行ってたんです。「あんたも大学院に行かんか」といっていただいたので、その人のいっこ（一学年）下で入学しました。災害看護を大学院で学びました。看護協会で研修受けて登録する、災害支援ナースという制度があるんですけど、入ってたんですけど、早々と。派遣してもらう機会がなくて、どうにか災害時に自分が何かこう、自分の能力というか、社会的な役割として、何かできることはないか、というのをずっと思ってたところがあったので、ちゃんと勉強しようと、災害の大学院に熱い思いで行ったのがひとつめの大学院です。

## 学びへのこだわりと楽しさ

紆余曲折を経て、Dさんは大学院で災害看護を学び直すことにたどり着いたといえる。大学院での学びは、後述するように、Dさんにとって「それはそれは楽しい」ものだったという。だが、「ひとつめの」大学院に進学して、Dさんは思わぬトラブルに遭遇することになる。

D：二年間行ってて、論文を最終の段階だったんですけど。データ取りをする先が断ってこられて。依頼の段階になって。それまでよかった。（でも）研究対象を限定してたから、論文がぱあになったんです。それで、結局、二年目の後期になって卒業ができないことがわかって、論文を一から書き直すという話になってしまって、どうしよう、ってなってたんです。それで、結局は、大学院を出ずに書き直すのはやめて、こっち（現任校）の就職が決まってたから、こっちに来た、こっちを選んだ、ってのがあったんですけど。開学から参加していたかったので。

またもや、Dさんを取り巻く状況が急展開していく、という感じである。修士論文作成の「最終の段階」で「データ取りをする先が断って」きた、そのときのDさんの気持ちを想像すると、相当大きな失意であっただろうと推測される。ただ、Dさんの学び直しにまつわる事情のひとつに、修士の学位を取ることが大学教員のポストを得ることに直結している訳ではないということがある。そのため、論文が完成できず、大学院を修了しなくても、幸いなことに、失職をしたり、その後のキャリアが途絶えるということはなかったようだ。

それはおそらく、Dさんの学び直しへの動機が、キャリアにおける実利的なところに重きを置いてはいないからだと思われる。その点について、Dさんが先の語りのなかで触れ、聞き手である筆者の発した「内発的な（関心）」という言葉を含んだやり取りの部分にも、Dさんの思いが込められていると思われる。

――いま、大学の教員をされていますけど、教員だから求められてというよりも、先生ご自身の内発的な関心というんですかね、その結果として大学院を二つ行かれていまに至っているという印象が強いのですが…。

D：ありがとうございます。そこが自分の戦略的なところが何もない、よくない部分かなと思いました。いまになって。昨日の夜、ぼんやり考えてたんですけど。なんかもっとみんなクールだよね、と思って。同級生たちも大学院の修士を取って出てきたら、管理職にしてあげるよ、とか、キャリアアップの確約があって来てたりとか。ここにしても、学位をもってるかもってないかで、職位が変わるわけですから。半分以上、仕事のため、自分のキャリアアップのために行ってる人たちばっかりですよ。それを考えると、自分は何もそこにこう、計算とかアプローチを考えずになんか無謀な飛び込みをしてるんだろうな、というのを感じました、昨日ぼんやり。災害だって、出たところで（卒業しても）、身になってない（自分にとっては将来のキャリアにつながっていない）と思いますから。それをどう活かすか、まだ分野が新しすぎて（他には）ないんですよ。

Dさんの学び直しに対する動機が、仮に「内発的な関心」によるところが大きかったとして、実際の社会人大学院での学び自体はDさんにとってどのようなものであったのだろうか。先述のように、学部生時代と違って、「それはそれは楽しい」ものだったというDさんだが、以下にもう少し詳しく引用してみたい。ここでは、Dさんが現任校に就任して新たに学び直しを行った三年間も含めた、計五年間にわたる大学院での学びについて語っている。

D：すごい楽しかったです。めちゃくちゃ楽しかったです。この五年間。泣きましたよ、卒業できない、論文ゼロからやり直しなさい。一年で一二〇万ですから、学費が。車買えるぐらい払ってたので、海外研修も行っちゃったから、それで四〇万くらい飛んでるんで。三〇〇万近くそっちに払ってるんでね。あと一年きついな、泣きましたけど、すごく悩んだし。だけど、それも含め、勉強自体はほんとに面白かったです。自分の興味関心、純粋にそこだったんで。こんなぶ厚い（四〜五センチ）海外の災害の本があるんですけど、それも読んだりとか。英語ですよね。読みなさいと買わされて。すごく前向きにやってたし。何もかもが面白かったです。

D：まあ、それはそれは 楽しい、楽しい、知識の泉というか、先生とディスカッションし仲間と話をし、職場とちがう、年齢はばらばらでも、フラットな人間関係のなかで、いろいろ、可能性を感じたんです。意見をいいながら、みんなでなんかできる気持ちもすごくあったりして。授業以外の時間もとっても楽しくて。いつも脳が耕されるような。（学ぶことで）気持ちに肥料を与えてくれる感じです。

気持ちがすごく開ける。今後、こういうこともできるんじゃないか、というような光を感じるような。とっても楽しい、楽しい、替えがたい、五年間で。すごい楽しかったです。めちゃくちゃ楽しかったです。この五年間。

学費に「車が買えるくらい」払ったといった現実的な喩えとは対照的に、大学院での学びについては、授業以外の時間も含めて、「脳が耕されるような」「気持ちに肥料を与えてくれる感じ」「気持ちがすごく開ける」「光を感じる」などの多分に感覚的な表現による語りとなっている。Dさんにとって、大学院での学び直しという経験が、まさに体感を伴った大きな喜びの体験だったことが如実に伝わってくる。Dさんは、最初に学んだ大学院での院生同士のつながりについても次のように語っている。

――楽しかった大学院生活ですけど、大学院生同士の懇親とか、授業だけでなくて、つながりみたいなのは？

D：ありました。どっちも。もともと、災害のほう、自分は同じ災害の先生についてた（先輩とも親交がありました）。看護の研究から…なかの人たち（大学院生室を共にした学生）とは、ご飯にもいったし、泊りにもいったし、夜通ししゃべったり。家庭もっている人も多かったですけど（いろいろと深く交流があった）。遠いところでいえば、島根県の日本海沿岸ぐらいのところに住んでいる人が毎週、車で高速で来てたり。京都の人とか、毎回新幹線（で通って来られていたり）。愛媛の人はフェリーで毎週通学を。こっちに家を借りて。みんなが（地域を越えて）集結するんです。週末に授業は集中して設定してあって。会うのが楽しみなわけですよ、ずっと。それまで自分は、平日は、自分の勉強をして資料をどんどん作ったりとか。フルタイムの人たちと一緒に話をすることは日常的にあったんですけど。みんなが集結する金土は、お互いに会うのは楽しみ。積る話がずっとある。よくご飯とかいって、毎週です。

「集結する」という表現が、院生同士の密接なつながりを象徴しているように思われる。

## 問題意識の深化、地域学とソーシャルキャピタル

Dさんは、現任校である山陰地方の大学の看護学部に助手として就任すると同時に、働きながら新たな学び直しをはじめた。今度は災害看護ではなく、居住地近くにある国立大学の大学院で地域学という分野の研究科に入学する。そのことに関する語りは、以下のとおりである。ご本人がいうように、少し長くなるが引用する。

D：(修士論文の作成が頓挫した後)、夏に、八月ですよ、広島に土砂災害が起こったんですよ。大学院かなぐり捨ててたので、そっちの生活復興でずっと入ってて、現地に。社会福祉協議会のなかで、ボランティア活動を看護の切り口でやるっていうのをずっとしてきた、という方が自分の印象として大きかったんですけど、大学院は災害看護というところで、学んでた、というところです。そこで結局、自分が切りこんでいけるのは、災害直後じゃなくて、「備え(の段階)」とその後の。関心を寄せてたのは、災害急性期の後の、命の危機を脱したあとの「生活復興」のところかなと思ってたんです。そこにはたくさんの課題があることを広島でぐるぐるまわって(被災地の全戸訪問)考えたりとか。気仙沼にも一週間ぐらい行っていたことがあって、仮設住宅に。そういうときに、すごく感じるものがあったんです。ほかに、心の問題だったり、経済の問題だったり。そこのところを地域の力で(解決する)、っていう考えがくっついてきて、自分のなかで。で、「地域学」(に結びつきました)。

当時、ソーシャルキャピタル、という概念、はやりだったんですよ、二〇一四、五年ぐらいのとき。社会学、経済学では当然の概念だったと思うんですけど、看護の概念ではまだで。ソーシャルキャピ

タルで、地域の自主防災と看護（を結びつけて、地域防災に向けて）、ここを何かできないか、看護のボランティアというところで、論文を書きたい、というような素案を出してたんです、（前の）大学院おったときに。でも、「ソーシャルなんちゃらってなんなの？」と説明しても受け入れてもらえなかったのが、当時だったんです。それから、二〇一七年ぐらいになったら、ソーシャルキャピタルは（看護学のなかでも）普通にいわれるようになったんですけど。災害看護学会でもテーマにあがったんです。（災害看護を学んでいた当時から）ソーシャルキャピタルをやりたかったんですよ。今度それが、地域学部のその先生がソーシャルキャピタルで論文書いていたんですよ。これなら教えれるよ、という話になって。ただ、災害は自分の分野じゃないという話で、じゃあ、ここ（現任校）に就職すると同時にソーシャルキャピタルと災害による、「生活の喪失」。そこに対してどうしたらいいかな、というところに、自分の関心の中心が、削いでいったらあったんかな、と思うんです。じゃあ、「喪失」とか「看取り」とか、そういうところに、自分の専門性も合わせて、論文が書けたらいいな、研究したいな、というので、（指導教員が）いいよ、となって、今度はそっち（地域学研究科）に行きはじめたんです。働きながら三年。で、結局「在宅看取り」のことについて書いたんです。地域包括ケアシステムのことをだいぶけなしながら。割とアンチ思考だったので、けなしながら書いたんですけど。それをしたっていうので、結局（災害看護学を学んだ期間と合わせて）五年間大学院に行きました、連続して。人が二年で取るところをようやくの修士を取った、というところなんですけど。自分のなかでは（昔から研究の関心どころは）つながっている。すみません、長くなって。

ひとつめの大学院で修士論文の作成が頓挫した後、広島での土砂災害や東北の被災にかかわるボランティア活動を続けるなかで、Dさんは、結局、「自分が切りこんでいける」のは、災害直後じゃなくて、

「備え（の段階）」と命の危機を脱したあとの「生活復興」のところかなと思うようになる。

そして、そこにあるたくさんの課題を地域の力で解決するという「考えがくっついてきて」、自分のなかで「地域学」という学問に結びつき、そのころようやく看護学のなかでも注目されるようになっていた「ソーシャルキャピタル」によって災害による「生活の喪失」にどう対処していくかというところに、関心の中心が「削いでいったらあったんかな」と述べている。そして、地域包括ケアシステムのことを「だいぶけなし」ながらと、Dさんらしい批判精神を込めて、「在宅看取り」のことについて修士論文を書き、三年間で修了した。

現任校に着任して、再び学び直しを行ったDさんだが、今度の大学院での学びの状況は、どのようなものだったのだろうか。

D：一応、一四条特例［＊10］で入学はしたんです。三年で、長期履修で。主担当の先生は、夜やってくれるんですけど。夜も夜、〇時超える夜なんですけど。むこうがすごいんですけど、受け入れてくれる先生が。一九時くらいから〇時こえるみたいな。共通で取る（履修する）、複数の学生が他のゼミの子たちがとるやつは、日中開講なので。それにいかないと、卒業できないし、単位も取れんし。そこはしょうがない、有給を削りながら。

D：同じ部屋（ゼミ）を共にした院生たちは、ストレートの人と、社会人は議員さんです。あとは、留学生なんですよ。看護の分野の大学院で会った人たちは、ストレートはいなくて、それぞれ認定ナースとか、専門性をすでにもってる人たちで、高度なディスカッションをしてる。こっち（地域学研究科）はこっちで、職位が上がるとか、キャリアアップを考えているわけではなくて、これからの自分の人生に悩んでるから、とりあえず大学院にきた、という人も含めて、ちがう仲間意識というか勉強への向き合い方が違いましたね。（前の大学院での）社会人の集まりでは、ディスカッションは高度でしたけど、そういう意味では、クールな部分もあったかな、と感じます。

仕事をしながらの学び直しということで、今回は大学院設置基準の「一四条特例」を活用して三年間の長期履修で学ぶことにしたDさん。学び直しの環境は以前に比べて決して楽なものではないが、大学院で学ぶこと自体はやはり楽しかったようだ。

D：きついなと思うことはいっぱいありました。だけど、勉強自体、大学院というところで学んでいる、先生とのやりとりとか、論文を書いていく過程とか、フィールドワークも含め、すごい楽しかったですよ。

D：（二つの大学院で学び直したトータルの）五年間がすんだあと、半年間、「鬱病か？」というくらいロスになっちゃって。面白くなくなったんです。家と職場の行き来が。刺激がなさすぎて。仕事はわりかしシンプルじゃないですか。やることはいっぱいあって、考えることいっぱいあるんですけど。新しいものを注入される感じはないんですよ。すごいなんか、また（大学院に）行きたい、また行くなら、

＊10 「大学院設置基準」第一四条による特例のこと。「大学院の課程において、教育上特別の必要があると認められる場合には、夜間その他特定の時間又は時期において授業又は研究指導を行う等の適当な方法により教育を行うことができる」と規定されるようになった。社会人にとって、修士課程の二年間職場を離れることは困難であるため、この改正により、職場を離れる期間をできるだけ短縮して大学院に進学することが可能になった。

取りそびれた看護（学）の方でもいいし、修士をもういっこ取るのでもいいし、博士でもいいかな、って思うんですけど。とにかく、またちょっとそういう場に身を置かないと脳が腐るんじゃないかというのが、ここ最近の感じです。

多大な労力を注いで大学院を修了したところだというのに、「半年間、『鬱病か？』というくらいロスになっちゃって」、「またちょっとそういう場に身を置かないと脳が腐るんじゃないか」というのは、正直いって恐れ入りました、という感じである。

## 学びの楽しさと職場とのギャップ

大学教員としての仕事をしながら、二度目の学び直しを行ったDさんだが、職場の理解や配慮という点はどうだったのだろうか。

D：最初の一年目は、単位を全部取り直したので。看護のやつ（単位）全部取ってたんですけど、なにひとつ（地域学の方の単位への認定が受けられるものがなく）、統計学とかならあるかなと思ったけど、（地域学研究科には）なくて。なので、全部取り直したんです。三〇単位。だからすごい授業行かないといけなくて。職場の理解がなかったので、それは（大学院通学は）、私用であるのは間違いないじゃないですか。通学は大変でしたね。多いときは週三日行ってました。一限目に行くときもありました。仕事休んで。

D：（職場では）うしろ指さされることもあったと思います。「学内業務優先だ」とか、何回もいわれたりとか、あったんですけど。でもしょうがないですよね。行くのも仕事かな、半分は、ここにいながら、と。働きながらというのは初めてだったし。こういう（ムラ社会的な）土地だからと思うんですよ、理解がないのは。まだ完成してない大学だったし。構成している教員も地元の人が半分以上いるわけですから、そういうところ（大学院通学）に理解があるわけではない。

D：大きい安定した組織だったらその辺の融通がきくんだろうけど、（職場の意識）レベルなんかな。ここでは（現任校）、一人欠けると大変なんですよ。指導の要員として一人確保したいところが、カバーできるほど他に余裕がないんですよ。悪意があるとかそういう意味ではなく、現実的な替えが効かないから苦言がでるときもあったんかな。基本的には、必要性はみんな理解してるんですけど。修了することの必要性は。

大学院に通学することに関して、勤務校が「まだ完成してない大学」［＊11］で、職場そのものが「一人欠けると大変」な状況となることもあり、職場の理解がなかったのは半ばやむを得ないこととDさんは受けとめているようではあるが、相当に厳しい環境だったであろうことがうかがわれる。

一方、別の視点からみて、大学院で学び直したことにより、Dさんが大学教員として教育現場に還元できることには、どのようなものがあるのだろうか。

＊11　通常、大学は新設から四年後、つまり一期生が入学して卒業するまでは文部科学省に申請した布陣で、申請したカリキュラムのとおりに教育を行うことが求められる。最初の卒業生を輩出し、その縛りが解かれる年のことを「大学の完成年度」という。

——その、大学院で学ばれた果実というか、ひとつは教育現場におられるので、学生さんと接することに活かされてるな、と思われることはありますか。

D：それは痛い質問です（笑）。でも、地域学の方でいえば、地域包括ケアの話とか、在宅ケアに関連する、在宅ホスピスのこととか、自分は話ができると思います。地域包括ケアシステムの問題点とか。結局その経験がもとで、在宅看護学に身を置く形になったので。人事にも影響してると思いますし、地域のボランティアに学生を連れていくときにも、活きている部分があるのかな。また、災害の方も（今後教育面で役立つことは）あると思いますよ、災害支援をいろいろしてきたので。

「それは痛い質問」と反射的に、そして自嘲気味に応えながらも、地域包括ケア、在宅ホスピス、在宅看護学、そして以前から取り組んでこられた災害支援といった専門分野に関する部分だけではなく、「地域のボランティアに学生を連れていくときにも、活きている」のかなと語っており、教育の実践面にも活かされているという、Dさんの自負を感じる。

## 学び直しのための課題

今回は無事に大学院を修了し、修士の学位を取得したDさんは、助手から助教に昇格となった。また、地元自治体の防災委員に就任する予定になっているという。聞き取りの終盤に、社会人がよりスムースに大学院で学び直すことができるための課題について聞いてみた。経済的な面での問題はすでに述べられているので、ここでは主に職場環境について語られた部分から引用する。

D：この度この話で、リカレント教育という言葉を伝え聞いたので、リカレント教育ってなんだろうと調べたわけですよ。なるほど、人生一〇〇年時代の国の文科省の動きなんだ。にしては、制度、学ぶ場もそうですけど、そっちのシステム作りもそうですけど、こっちの社会人が所属してる組織の体制の方に問題を感じるわけですよ、まだまだ。

――そのへんの課題みたいなこともぜひともお聞きしたいなと思ってた部分もあるので。

D：それは実感したかな、戦わないと卒業できなかった。

（中略）

それぞれの所属する組織がありますよね。日赤（病院）とか大きいところは理解があるんですよ。休職しても行かしてくれるし、仕事も融通してくれるし、もちろん修了すると次のポストの話があったりして。そういうなかで、安心して通ってこれるというのは、組織風土だと思うんですよ。小さいところだと難しかったり。看護学校から通ってこられてる先生は（職場の）理解がしっかりしてたし、病院でも上の看護部長レベルだと自由に時間をやりくりできる感じがあったりとか。でもそういうふうな職位的なムラがあると、国が思ってるような、通ってほしい世代は通えないですよね。

文部科学省をはじめとする種々のアンケート調査においても、学び直しの課題として経済的なこと、時間の確保、そして職場の理解といったことは顕著な結果として明らかとなっている。Dさんの語りからは、それらの問題があらためて、如実に現実感を伴って迫ってくる感じがする。聞き手である筆者には、「戦わないと卒業できなかった」という言葉が、とても印象に残った。

## (5) Eさん(五〇代後半・男性)

### ■仕事を辞めて一念発起、海外留学へ

Eさんは本書では唯一、「大学院制度の弾力化」よりも前に学び直しを経験した人である。一九八〇年代の後半、日本はバブル景気の真っ只中にあったころで、いまから三〇年以上も前のことである。当時、Eさんは二〇代半ばで、社会人となって二年半くらいが経っていた。現在は自ら会社を設立して、企業を対象としたコンサルティング業を営んでいる。

聞き取りは二〇一八年一二月、関西近郊のEさんの自宅近くにあるカフェの屋外テラスにて行った。Eさんは関西のいわゆる難関私立大学の社会学部を卒業後、飲料メーカー(A社)に就職した。そのあたりのことから、当時の時代背景や社会状況にも触れながら語ってもらった。

――Eさんは大学卒業して、A社に(就職)?

E:二年半、お世話になりましたね。

――そのまま辞めて(留学へ)?

E:二年半勤めて辞めるっていうのが、結局勉強し直さないと、自分の将来この先なかなか展望が開けないだろうと。開く、その可能性というか、領域というか、自分ができることの範囲が広がるっていうのをある意味二年半で、人生初めての社会人経験で思い知ったというのがやっぱり辞めるきっかけ、大学院へ行こうと。もうちょっとその理由のところを詳しく説明すると、A社がそのとき、日本で初めて、チリのワインを売ったり、カリフォルニアのワインを売ったりしてたのよね。で、A社が大阪の支店で、(自分は)もう口が災いして営業に出してもらえなくて。

――そうなんですか。

E：そうそう。内勤を命じられたの。で、結局A社っていうのがお酒類を全然扱ったことがなかったんで、関西圏っていうか、まあもう西日本全域なんだけど、チリのワインとカリフォルニアワインのサンプルを持って行ったり、営業みたいなことを。だから本当笑い話でレストランみたいなところ行って、シェフ呼んでくださいっていって渡して、リアクションとって本社に上げるとかそういうことぐらいなんだけどね。ただ、一回カリフォルニアワイン協会の、当然アメリカ人が、関西どんな状況なんだって来たわけよ。そのとき当然彼らは英語しゃべって、私ら大卒だからお前英語しゃべれるだろうと、ある程度あったんだろうけど、ほとんどしゃべれなくて。やっぱりこれはまずいなと。とりあえず道具として英語っていうのはある方が便利だな、というのもひとつの理由だったんですよ。で、まあもうひとつはA社入って、やっぱり大卒である程度いろんなことができる、もしくはビジネス、もしくはその管理のしかたみたいなところでなんか知識があるんだろうと（会社は）ある程度は思って採用したんだろうけど、当然こっちは社会学部なんでなんにもわからないわけで、まあ自分で好きな本は読んだりしてその分野はある程度知識はあったけど…。

ただ、やっぱりもうちょっと経済学部とか商学部じゃないけども、ビジネス、管理っていう領域で一通り上っ面だけでも勉強しといた方がいいんじゃないかって思ったのもやっぱり理由のひとつだったんだよね。だからまあ大きく分けてその二つの理由で。それで、ちょうどそのとき二年半かな、経った良いきっかけだったのは、営業に出してくれって叫び続けて二年半。結局二年半経った段階で彼らが辞令として内示として出したのは、広島支店のまた内勤やれってきたわけよ。そこで食らいついていい加減にせえやと。まあそんな口調じゃないですよ、ちょっといい加減にしてくださいみたいな、一応ちゃんと喋ったんだけど、で、いや君はやっぱり営業じゃなくて、という話があったんで、ああもうこれは判断、決断する良いきっかけかなと思って、じゃあ辞めますっていうのが二年半経ってね。ただまあ、いろんなこと勉強させてもらったし、お世話になったし、いまだにそのとき可愛がってくれた上司はこの近くにも一人おられるんですけど、やりとりは当然したりはしてるんですけど。まあそれが主な理由です。

——で、そこからいまでいうMBA［＊12］の大学院に行った？

E：うん。

——いきなり海外の大学院っていうのもすごいですね。

E：自分もそんなん全然知らなかったんだけど、たまたまこれはもうちょうどその時期は大前研一［＊13］がマスコミに出たり、堀紘一［＊14］が出たりしてたんで、でまたA社へ一緒に入った大学の同級生なんかも、お前経営コンサルタントは儲かるぞとかいって、そんな話をしてたりもしたんよね。ただまあ経営コンサルタントの仕事に〇〇大学（出身校）出ていきなり就けるかというと、それははっきりいって難しい、よっぽど地頭が良くて器用に立ち回ったりできる人は話は別だけど。当時はそんな経営コンサルの会社自体もいまほど多くなかった時代だから、まあとりあえずはMBA取ってたらなんとかなるんじゃないかという軽い気持ちです。ただそれは実際行ってみて大きな後悔と挫折になるんだけど、まあまあいまとなっては笑い話だけどね。

——英語の必要性を感じたにしても、いきなりアメリカに渡って大学院へ行くというのは…。

E：英語はしゃべれないし。

——まだ八〇年代だから、勇気がいったというか。

E：そらもう差別みたいなのもあったし、日本人に初めて会うアメリカ人にも結構な数で会ってるし、当時は笑い話でデトロイトで昔、日本車の輸入が増えた時期に車燃やしたりした時代ですから。

――ちょうど、日本はバブルのころ[＊15]ですもんね。向こうに行かれた学校は正式にはなんという学校？

Ｅ：大学院はノースイースタン大学っていう、これはボストンなんですけど。いきなりその、二年半勤めてすぐアメリカに渡ったんですけど、結局英語の勉強を一年やってるんですよ。それはもう意図的にロサンゼルスとか行ったらチャラチャラ遊んでる日本人の話はよく聞いてたから、そこ行ったらダメだなと。ただ東海岸、たとえばニューヨークとかワシントンＤ．Ｃ．とかに住んじゃうと家賃と生活費がすごく高いんよね。それは事前にちょこっと調べてわかったんで。で、ピッツバーグっていうところ、最近銃の乱射事件、シナゴーグのあれ[＊16]で有名になりましたけど。やっぱりその昔の鉄鋼の中心地みたいなところで、ある意味、反日感情はたぶん高いだろうと、で、日本人も少ないだろうと。というのでピッツバーグっていうところに結局一年住んで、まあ英語勉強しながら大学院の入試に備える準備みたいなのをしたと。

＊12　経営学修士のこと。「Master of Business Administration」の頭文字をとってＭＢＡと呼ばれる。経営学を修めたものに対して授与されることのある専門職学位である。

＊13　一九四三年生まれ。日本の経営コンサルタント、起業家。マサチューセッツ工科大学博士。マッキンゼー日本支社長を経て、カリフォルニア大学ロサンゼルス校公共政策大学院教授やスタンフォード大学経営大学院客員教授を歴任。現在、ビジネス・ブレークスルー大学学長等を務める。著書多数。

＊14　一九四五年生まれ。読売新聞、三菱商事を経て、ボストンコンサルティンググループの日本代表を務めたのち、二〇〇〇年にベンチャー企業の支援・コンサルティングを行うドリームインキュベータを設立。日本を代表する経営コンサルタントの一人とされる。著書多数。

＊15　土地などの資産価格が、投機によって実体経済から大幅にかけ離れて上昇する経済状況。日本では、一九八〇年代後半からはじまり一九九〇年代初頭に崩壊した、資産価額の高騰による好況期を指す。バブルとは「泡」のことで、ある程度まで膨らむと、はじけて跡形もなくなってしまうという意味が込められている。

＊16　ペンシルベニア州ピッツバーグにあるシナゴーグ（ユダヤ教礼拝所）で二〇一八年一〇月二七日午前、男が銃を乱射し、当局者らによると一一人が死亡、六人が負傷した。近年のアメリカでユダヤ人に対する最悪の事件となった。

――それでその、ボストンにある？

Ｅ：ノースイースタン大学っていう、私立です。結局そこしか入れなかった。

飲料メーカーに就職し、営業の仕事を志望していたＥさんだが、「口が災いして営業に出してもらえなくて」内勤を命じられていた。結局、入社後二年半が経った段階で再び内勤の辞令内示が出たことをきっかけに、Ａ社を退職する。ただそれ以前に、Ｅさんにとって「勉強し直さないと、自分の将来この先なかなか展望が開けないだろう」と思い知る出来事が起こる。勤務先のＡ社が、日本で初めてチリやカリフォルニアのワインを扱うなかで、カリフォルニアワイン協会のアメリカ人が、関西の状況を視察に来た。そのときの対応で、「大卒だからお前英語しゃべれるだろう」という期待があったにもかかわらず、ほとんどしゃべれなかったという体験をする。「やっぱりこれはまずい」ということで、「とりあえず道具として英語っていうのはある方が便利だな」と思ったという。

また、「ビジネス、もしくはその管理のしかたみたいなところ」で一通りの知識を習得する必要があると感じたとのことである。大きくはこれら二つの理由により、アメリカの大学院に進学することを決意し、実際に留学することとなる。ちなみに、新卒一括採用などという仕組みのないアメリカでは、社会人大学院という概念はそもそもないのであろう。

いまやお笑いのネタとして扱われることも多い日本のバブル時代だが、その時代に個人として渡米し、かの地の大学院で学び直すことは、どこか浮かれたような日本社会の雰囲気とはまったく違う、「大きな後悔と挫折になる」可能性もある過酷な状況に飛び込むことに等しかったのではないだろうか。

軽妙な、そして時折自虐的な語り口をするＥさんだが、本人が真剣に向き合わなければならないような状況について語るときは、「笑い話」という言葉が添えられる。「日本車の輸入が増えた時期に車燃やしたり」といったことは、とても笑える話ではないが、そこは逆に、Eさんなりの、おそらくは無意識的に力点が置かれた重要なエピソードの語りとなっているように思われる。

## ■日本人が一人だけのクラスで学ぶ

単身で渡米したEさんの、現地での学び直しとはどのようなものであったのだろうか。最初の一年は英語の勉強に費やし、そのままMBAのコースに進学したとのことだが、Eさんは意図的に日本人学生が少ないところを選んだという。

E：やっぱり日本人ができるだけ少ないとこへ行った方が、本当に英語の勉強だとか、将来的に海外で英語で経営コンサルの仕事しようと思うんだったら苦労した方がいいよというような話は聞いたけどね。それで、ノースイースタンというとこへ、結果論としてはよかったんですけど。そこそこのクラスのMBAで日本人一人、二〇〇人くらい学生がいるんだけど、日本人は一人だったんですね。だからほんとにいまでもやりとりしてるクラスメートで何人かの人に助けてもらえなかったら本当に卒業できなかったなっていうのは正直あったんだけどね。まあでもよかったです。

（中略）

——結局、アメリカの学校には何年いたことになる？

E：それはね、二年弱で、ダブることもなく。

——ストレートですね。

E：ストレートでほんとね、卒業できて。それはほんと周りの友達が助けてくれた。それでこれは別に書き起こさなくていいんですけど、笑い話で。GPAってあるじゃないですか。GPAって確か満点が4でしょ?で、アメリカの大学院は3以上無いと卒業できない。それで、いまでも覚えてるのが一学期終わった段階でGPA2・6くらいだったんですよ。ぐわーとか思って、そこからやっぱりこのままではダメだと思って、友達に助けを乞うて、で、彼らもやっぱり助けてくれて本気に自分が勉強しようと、夏休み終わって二学期から。で、自分でもいまとなっては火事場の馬鹿力が出たなと思うのは、卒業のときは3・5か3・6くらいになったから。それは、自分は要領かます方だから、いつも通り要領かましてたらそんなGPAだったのが、やっぱりおしりに火ついたら人間ってできるんじゃないかなっていうのは、自分の経験を通じても思ったりはしたんだけどね。

——それはでも、なんか人としても鍛えられるところがありそうですね。そこでの二年を経験したかどうかで。

E:鍛えられましたよ。それはほんとに鍛えられたんで、それは卒業してはじめて、経営コンサルの仕事してはじめて、ほんとによかったなと思ったのは、じつはね、個別のたとえば管理技術とかマネジメントの知識じゃなかったんですよ。というのは、アメリカって有名な話で、皆さん知ってると思うんですけど、ケーススタディなんですね。だからショートストーリーの企業における一シチュエーションみたいなやつを渡されて、読まされて、それに対する自分の与えられた情報のなかで最適な判断、どう考えるかっていうのをロジカルに考えて、だったらこうしたらいいんじゃないですかというストーリーを作るのがやっぱり、すべての科目、MBAのなかの全ての授業のなかでやっぱり求められたことで。それってほんとに経営コンサルの仕事をするうえですごく役立ってるし、いまもやっぱり仕事だけじゃなくて自分の人生においてどう考えるかなんていうのは、同じような考え方をしてるかなって。それは二年もかかったのかといわれるかもしれないけど、そんな簡単に体得できることじゃなかったんじゃないかと。それはね、本当にやってよかったです。

（中略）

しかも成績が悪かったから、本当に追い込まれたなかで良い点を取るために自分なりに一生懸命それなりに考えるっていうのは、必要な経験でありプロセスだったのかなと、いまとなってはね。

――確かに達成感も半端じゃないでしょうね。そんなことといってもサバイブしていかなきゃいけない環境だし、そこだったら。

E：達成感よりも安堵感の方があったよね。とりあえず生き残ったなっていう。それこそいまだからいえるけど大見得を切って、偉そうにして行ってるわけですよ。そんなんもう結局卒業できないで帰ってきましたとかいったら鼻で笑われる。っていうのは、とくに自分の親にはそこそこの大学出て、そこそこの会社勤めて働いてたら、そこそこの生活、人生送れるのに、なんでそれをあえて辞めてそんなことするのっていわれて出てきてるから。そこはやっぱりちょっと違うのかな。

――いまのことと関連して、いざ行くときにご家族とかご両親とかはやっぱり何をするんやこの息子は、みたいな感じだった？

E：両親もそうだったたし、周りの人間もやっぱりほとんどそうだったよね。応援してくれる人なんて。はあ？っていう一言があって。そら上っ面で頑張れっていう人はいっぱいいたけど。心から応援してくれる人とかはたぶんいなかった。変わってるなあっていうふうに見られたパターンがほとんどかな。

引き続いて、Eさんは留学先での生活状況について語った。

――当時は、企業からの派遣とか、そういう学生はまあまあいただろうけど、（Eさんの場合は）本当の裸一貫というか…。

E：裸一貫というか、自費だから。

――ああそうか。その金銭面とかはどうやって賄っていたのですか？

E：貧乏でしたよ。それもいい経験になってるんだけど。結局、そのボストンは日本における京都と一緒で、（大学の町という）環境ってやっぱり物価、家賃とか高いんですよ。最初住んだのは、そのころ、なんか話がいろんなとこ飛びますけど。カンボジアで例のクメールルージュ［＊17］ってとんでもないカルト集団が人殺したでしょ。で、あのとき、カンボジア難民がどっとアメリカへ入って、そのときボストンにも入ってるんですね。で、彼らがまとまって住んでるとんでもないコミュニティ、まあ治安悪いんですけど。そこは家賃が安いんですよ。そこの、しかもそこでも普通の部屋には住めなかったから地下室。地下室といってもアメリカはベースメントっていって半地下なんよね。ただ自分が部屋で立つと目線が地面なんですけど。ただかろうじて外の光は入ってくる。ただそこが確かね、そこでも広さ四・五畳くらいのものなんですよ。ただそんなところで四〇〇ドルくらいだから五万円以上するわけですよ。当然バスタブなんかないし、シャワーしかないし。上にはインド人と変な白人のおっちゃんと。で、あとカンボジアの家族かな。ただそれを貸してる大家は白人のやっぱりなんかお金がありそうな人だったんですけどね。そんなところへ半年か一年住んだよね。

――けっこうな修羅場をくぐってきて…。

E：いやほんま。だから夜歩いたらカンボジアの若い子が、ギャングです、ほんまね。ただ歩いててやばいっていうのは何回もあるんだけど、そこはね、こっちもある程度ピッツバーグで住んで経験してるから絶対汚い格好してたら大丈夫って。僕らってほら当然イエローだから彼らからしたら中国人かわからないわけよ。こんな奴金持ってないわって。だから夜でも別に家の近所歩いてコンビニみたいなところへ物買いに行ったって平気な。ただ、発砲事件はけっこうあった。けっこうエキサイティング、ほんとに。まあでもほんといい経験にはなった。

Eさんの語りを受けて、私は思わず「けっこうな修羅場をくぐってきて…。」と発言しているが、まさにEさんが学び直しをした留学地の環境は過酷なものであったと私には思えたからだ。それにもかかわらず、Eさん自身はそんな状況に対しても随所で「いい経験」だったとふりかえっている。

それはおそらく、これまた随所で「友だちが助けてくれた」と語られているように、あえて日本人の少ないところを学びの場に選んだEさんだが、大学院等のクラスにおいて周囲からサポートを受けられたということでは、とても恵まれていた面もあったのではないだろうか。もちろん、それはEさん自身が他者（外国人学生）との関係をとり結ぶために払った努力の賜物なのかもしれない。

いずれにしても、留学先での学び直しの経験は、Eさんにとって得たものが多大であった、ということだ。

## 学び直しで得たもの

――これまでのお話でも、ケーススタディによるものの見方とか、そこで得られたものとかっていっぱい散りばめられてると思うんですけど。たとえば英語力とかも…。

E：ただ、ある意味本当の仕事で使える英会話の能力っていうのは、じつは卒業して、日本のコンサルティング会社でまた就職するんですけど、そこで高められたかな。こういうバックグラウンドなんで、

＊17　カンボジアの反政府勢力で、「赤いクメール（カンボジア人）」を意味する。シアヌークが国家元首時代に、国内の革命勢力を総称してこのようによんだことに由来する。一般的にはその中核組織であったカンボジア共産党勢力、とりわけその主流たるポル・ポト派のことを指す。

海外要員だったんですね。その会社に勤めて、日本の管理技術なりマネジメントの仕方みたいなのをアメリカのF社っていうとこを中心に僕ら仕事させてもらったんですけど。そこで徐々に高められた、最初からできたわけじゃなくてそういうプロジェクト、たぶん一年くらいやって、一通り、ああこういうときにはこういう英語しゃべったらまあ相手の心に届くっていうか、相手がなるほどと、茂木健一郎［＊18］じゃないですけど、アハアハの世界、あるじゃないですか。

――「アハ体験」［＊19］？ 見えた！ みたいなね。

E：そうそうそうそう。そういうのは徐々に徐々に、仕事を通じて、ほんとに仕事における英語のコミュニケーション能力っていうのはついたと思ってますけどね。

――それは大きいですね。向こうで無事修了して、日本に帰ってきて、そのコンサルティング会社への就職は、割とすぐ決まるみたいな感じだったんですか？

E：それはあのね、ラッキーなことにたまたまその、大前研一とか堀紘一の影響でMBAをめざす日本人が、当然自分も含めてなんですけど、ある意味どっとまとまってたぶん何百人くらいはアメリカに行ったのね。で、そのときは日経（日本経済新聞社）がそういう人間を日本企業で採用しようってことで、キャリアフォーラムをボストンと確か、ロスでやってたのかな。

――それは現地で？

E：現地で。その日系企業ばっか集めて。あの日本人の卒業する予定者に対して、やっぱりリクルートの斡旋みたいなのをしたんですわ。たまたまそこへ勤めたN社っていうのも来てて、そこで面接をしたりしたんで。だからわざわざ日本へ帰る必要もなかったし、まあ、そのあとは行ったりは当然したんですけど。

――そこで勤めて、そこには割と長い間？

E：そこではちょうど一〇年お世話になりました。

E：（仕事の内容について）自分は小売とかリテールのなんかお客さんをやりたかったんですね、もともと。で、あてがわれたのがまあまあ業界の売り上げ自体が大きい自動車業界になるんですよ、やっぱり一番多い仕事って。で、それはまあまあもうわかるからあれだけど、アメリカのF社っていったら一社しかないですけど。

――超大手。

E：たまたま僕入ったと同時くらいにその仕事がはじまって、で、それも面白いのがね、F社の日本法人じゃなくてF社のヨーロッパの統括本部と仕事がはじまったんですね。だから結局一〇年かけてやってたことはそこスタートとして、ヨーロッパのそれぞれのナショナルセールスカンパニーっていうんですけど、たとえばF社のUK社とか、F社日本法人みたいなもんです。オランダとかフランスとかドイツとか。転々とほんとに周って、で、そのうちにF社の本体のUSAの本部の仕事とか、で、オーストラリアも行きましたしね。それが基本的に中心だった。

右記のように、Eさんは大学院修了後、アメリカの大手コンサルティング会社に就職する。仕事のス

＊18　一九六二年生まれ。脳科学者。ソニーコンピュータサイエンス研究所シニアリサーチャー。東京大学大学院物理学専攻課程修了、理学博士。「クオリア」をキーワードとして、脳と心の関係を探究している。著書多数。

＊19　人は何かに気づいた際、脳が活性化するといわれる。そのような瞬間の体験を「アハ体験」といい、脳科学の分野で注目されている。「アハ」とは英語圏で何かを理解したときに発せられる「a-ha」からとられている。もともとはドイツの心理学者カール・ビューラーが提唱した心理学上の概念だが、日本では茂木健一郎によってテレビ番組などで紹介され、広く認知されるようになった。

ケールの大きさに、聞いていて、ただ戸惑うばかり、というのが正直なところだが、ここでは残念ながら、これ以上Eさんのキャリアについて詳述する紙幅がない。そこでその後のことに少しだけ触れると、Eさんはヘッドハンティングによって一度転職したあと、日本に帰ってきて自らコンサルティング会社を起ち上げ現在に至っている。

続いて、Eさんは大学院生活で得たものについて、次のように語っている。

E：やっぱりあの、職業に関しては、大学院で当然学んだこと、得たことがベースに、ある意味自分をきちっと世の中に示すことができる、仕事のしかたみたいなのを、ベースになってるのは確かですよね。大学院で学んだこと。それは絶対あると思います。とくにケーススタディの話しましたけど、自分なりのストーリーをやっぱり、僕らの仕事ってやっぱり理屈でものをどう積み上げていって、相手納得させるかっていうことだと思うんで、それは絶対役に立ってます。

最後に、最近の日本で社会人の「学び直し」が話題になっていることについて、Eさんはどのように思っているのか。それに関して語られているところから引用しておきたい。

E：ほんとに勉強したいのかどうか。結局勉強することは誰でも、好きであればやろうと思えばできるじゃないですか。とくに金銭的な余裕があれば。いま、やってみようかと。ただそのレベルで選んでいいのかっていうことは考えた方がいいと思いますね。これはまあ自分が二七、八だけどもひとつ判断の材料にしていまだにね、大きな決断をするときには考えることなんですけど、死ぬときに後悔するかしないか。ああやっときゃよかったなって死ぬとき思うんだったら、いまたとえば四〇歳で社会人で学び直して違うキャリアを積もうと思ってる人にしたって、やればいいと思います。ただ、そこまでは別に自分は、っていうんだったらやめといた方がいいと思いますね。

## (6) Fさん(四〇代後半・男性)

### パイロット志望、会社員、そして教師へ

Fさんへの聞き取りをしたのは二〇一九年四月、あるターミナル駅に近い喫茶店においてである。Fさんは現在、関西のある自治体の教育委員会で係長職に就いている。もともとは中学校の英語科の教諭をしていて、一九年間の学校勤務の後、現職へ異動となった。

Fさんが社会人大学院で学び直しをしたのは、中学校に勤めながらであり、修士課程の二年間を終えた後、また三年後に同じ大学院の博士後期課程に入学し、三年間在学した後、満期退学している。Fさんが修士課程から博士後期課程まで大学院に在籍していたのは三〇代半ばから四〇代半ばにかけてのころである。

Fさんが学び直しをしたいと思ったのは、それまでのFさんのキャリアと密接に関連している。そこでまず、社会人大学院に入学するまでの経緯を、Fさんの語りに沿ってみていこう。

F:もともと昔から教師、いいな、というのがあって職業のひとつとして考えていたんですね。ところがもうひとつ、パイロットにどうしてもなりたくて、それもあったので、大学の三回生のとき、パイロット試験があって受けたんですけど、だめだったんです。飛行適性検査みたいなんをして、だめだったので、何回うけてもダメですよと、努力してもそういった適性がない、ということだった。そ

れが、大学三年生の終わりくらいにわかったので、どうしよう、職業を、というふうなときに、ちょっとぽかんとあいてしまって。そのまま四年生になって就職活動というのが、イメージがもてなくて一年間休学をしてニュージーランドにワーキング・ホリデー［＊20］に行ったんです。そのときにいろいろ経験しながら、なにが（したいのか）となったときに、教師というふうな、もともとやりたいところであったので、（そこで）はっきりと形づくられて、教師になろうと（決めた）。

ところが、教職課程を取ってなかったので、さあどうしよう、その時代は、教師になるのも難しい時代だったので、すぐにはなれない、というふうなところだったので、大学に戻って卒業して、そして、いったんは就職をして、姑息な考えなんですけど、就職して仕事をしながら、教員採用試験を受け、受かったら辞めるという、そんなことを考えていたんですけど。実際、旅行会社に就職して、同時に○○大学の教職課程を通信で取る、ということをはじめたんですけど、半年くらいでこれは無理だ、と。両方は無理だなということを感じて、ちょうど一二月に退職します、ということで退職をしたんですね。アルバイトとかでつなぎながら教職課程を取って、採用試験を受けよう、一本にしようって決めたんですけど。それで、実際うまくいってというか教職課程を取って、教員採用試験受けて、合格して教員になった。

なので、通信でしか教育学を学んでないという思いがあったので、どっかでもう一回、きちんと教育学を学びたいな、と思ってたんですね。七年ある中学校で働いて、その次に転勤したところが（Fさんが学び直しをする）△△大学院に近いところの学校であったということと、七年の間、つまりどこかで勉強したいという思いをもってたので、たとえば、兵庫教育大学の内地留学［＊21］のことも考えましたし、そんなんしてるなかで、△△大学に臨床教育学研究科というのができると、（しかも）夜（夜間開講）だと、興味も非常にあったし、「臨床」ということで、（学校）現場のことも（扱われるということ）だったので、そういうことで、入ろうと思って、入った、それが経緯です。

Ｆさんは、関西のいわゆる難関私立大学の経済学部三年生のときに、「どうしてもなりたかったパイロット」の試験を受けたが、飛行の適性がないということで落ちてしまう。もともと教師にもなりたいと思っていたＦさんだが、そのときは四年生になっても就職活動のイメージがもてなくて、一年間休学してニュージーランドにワーキング・ホリデーに行く。そのときにいろいろと経験しながら、かねてからの教師になるというイメージがはっきりと形づくられて、教師になることを決意する。

ところが、Ｆさんは教職課程を取ってなかったので、「さあどうしよう」となり、いったんは就職をして仕事をしながら、教員採用試験を受け、受かったら辞めるということを考える。そして、旅行会社に就職して、同時に通信課程で○○大学の教職課程を受講することをはじめた。しかしながら、実際に受講してみると、「両方は無理だな」と感じ、半年くらいで「これは無理だ」となって、旅行会社を退職し、一本にしようと「アルバイトとかでつなぎながら」教職課程を取って、採用試験を受けることを決めた。そして結果的に教職課程を取って、教員採用試験に合格し、中学校の教員となった。

ただし、Ｆさんには、自分は通信課程でしか教育学を学んでないという思いがあったので、どこかできちんと教育学を学びたいと思い続けていた。また、中学校の教師になって八年目に転勤した学校の近

＊20　二国間の協定にもとづいて、青年が他国の生活様式や文化のなかで休暇を楽しみながら、その間の滞在資金を補うために一定の就労をすることを認めるビザおよび出入国管理上の特別な制度。一年間の長期滞在が可能となる。

＊21　官庁、学校、会社などの職員が、現職のまま、国内の大学や研究機関で長期の研究をすること。国立大学法人兵庫教育大学大学院の場合、学校教育研究科の修士課程又は専門職学位課程（教職大学院）で学び、高度な専門的知識・能力を身に付けて学位を取得することが可能となっている（兵庫教育大学大学院のホームページより）。

くに社会人対象の夜間大学院があり、しかも臨床教育学というFさんの興味関心と合致する分野の大学院研究科ということで、そこで学び直そうと決めて、入学することとなった。

## コーチングとの出会い

Fさんが社会人大学院生として学び直しを実現したことには、かねてからの希望はあったにしても、幾つかの偶然が重なったことにより可能となったことは間違いないだろう。そもそも学び直しができるためのいわばプラットフォームとして、「大学院制度の弾力化」による夜間大学院の設置や社会人に配慮した入試方式が整備されていることが不可欠の要件であったといえよう。

それでも、中学校の教師が激務であることは想像に難くない。Fさんの場合、いざ大学院に行こうと決めてから、すぐに受験する運びとなったのであろうか。

そのことについて、Fさんは以下のように語っている。

F：いや、何年間か行こうかなと思いながらも行けずじまいというか、なかなか仕事が忙しかったり。何しに行くんや、という。ひとつは教養を身につけたいというのはあるんですけど、大学院で何を研究するかとなったときに、何も無いままに行くと、ちょっとどうかな、というのがあったので、そういうのを考え、かちっと(研究)したいということも無かったので、中途半端になるかなと思ってたんです。

そんなFさんだったが、その後「コーチング」というテーマと出会い、本格的に△△大学院を受験することを決意する。

F：いろんなこと、ちょっと興味あることとかを勉強するなかで、コーチングという、それに出会って、コーチングのことを学んでいるときに、教師教育であるとか、先生が持つひとつのスキルとしても非常に有効ではないかと、教育のなかにコーチング（を導入するの）はどうだろうと、出てきたので、それを研究テーマとして考えられるかな、というところがあったので、そのへんのタイミングが合って、（大学院を）受けた感じです。

（中略）

（中学校の教師になって）ちょうど八年目だったと思うんですけど。それまでは、何がなんだかわからへんまま走り続けてたのが、ちょっと自分でもコントロールできるというか、それで九年目のときに大学院に入学しました。

## 家族と職場の協力

Fさんが大学院で学び直しをすることに関して、家族や職場の反応はどのようなものであったのだろうか。

――修士課程にいかれる当時は、奥さんとかは？

F：つきあってるときから、そういうのはいってたんで、（学び直しに）行きたいってのは。なので、どうぞ、というか、むしろほんとに応援してくれましたね。

――望んでたことがね、タイミング的にも行けるかな、みたいな…。

F：まだラブラブのときだから（笑）。相手もこの人のためなら、と。

――入学することが実際に決まって、職場の配慮みたいなのはどうでしたか。

F：（自分が）そういう研究的なものを好きだったというのは、転勤する前の学校でも、みなさんは知っているような感じだったので、研究の担当にしてもらったりとか、市が何か（研修等を）やってるのに、行っておいでといってくれてたりとか。そんなんで、次の学校に移っても、そんなんで知ってくれてて、あとは職場が学校（大学院）に近かったので、週何回くらい、少し早く出るとかに関しては、とくに何にも、だめともなんともいわれずに、そういう感じで協力的でしたね。

——とはいえ、中学校ですから生徒指導もふくめて、いろんな突発的なことが起こるじゃないですか、そのあたりは？

F：転勤して一年目に入試を受けて、当時（中学）一年生をもってたんですね、そのときに受験して。二年、三年と学年が進むなかで、めちゃめちゃ荒れてて、けっこう大変でしたけども、突発的なことも非常に多くありましたけど　逆になんか、（気持ちが）仕事の方にはぐっといかずに、大学院に行ったら、落ち着いて考えれたり、というのはありました。大学院自体が、遅れて来ても、そこについては、ゆるやかにというか、認めてくれてるところがあったので、ものすごく苦労した感じはないですね。

家族と職場のどちらも、Fさんが学び直しを行うことについては協力的であったようである。また、勤務校では「荒れていた」学年を担当していて、突発的なことも多く起こっていたようだが、それらのことに対しても、逆に大学院に通うことで落ち着いて考えることができたりしたという。

## 違う視点の獲得

ではFさんにとって、そこの大学院での学びとは、どのようなものであったのだろうか。

――学びの中身について、Fさんにとっての手ごたえみたいなのは？

F：先生方が、非常に私が興味をもっていろいろ聞きたいな、という先生が多かったので、その辺は楽しかったですね。勉強するというより、自分の悩みとかを一緒に考えてくれたりとか、こういうふうなアプローチでみたら、とか。そういったものがあったので、そういう視点で子どもをみるとか、教育をみる、というふうな、違った視点でみるとか、非常に学べたかな、それまでは一生懸命やってるけど、うまく行かないとか、ひとつの視点だけだったりとか。行き詰まりを感じるところがあったんですけど、ちょっと違う視点からみると子どもに対するアプローチも変わってきたりとかもしたので。それは非常によかったな、と思います。

――一緒に学んでいる人たちが社会人で、多くはなんらかの現場にいる人たちということで、そのあたりは刺激になりましたか。

F：そうですね。色んな分野の人がいたので。大学がそれ（学際性）をめざしてやっていたところもありますけど、心理的にどうみるか、福祉的にどうみるかとか、あるいは立場の違う専門家で、でも子どもをみるのは一緒というところで、学校でむしろ現場で起きてるようなことを自分自身がどう解釈するかとか、そういうところは、すごくいい刺激を受けましたね。

Fさんにとって、社会人大学院での最も大きな学びのひとつとして、それまでの自分の見方とは違った視点でみることの重要性への気づきを挙げることができるように思う。それは、「ちょっと違う視点からみると子どもに対するアプローチも変わってきた」という語りにもあるように、理論と現場での実践が有機的につながった、生きた学びの成果といえるのではないだろうか。

これまで本書で聞き取りをしてきた人たちは、大学院で共に学んだ院生同士の関係から得られたことを、それぞれが何らかの表現で肯定的に語っている。本書の目的は、社会人大学院で学び直した人の経験に共通するものを取り出すことではない。それはともすれば、自然科学的な見方による先入観に陥ってしまうおそれがあるからである。

それでも、一人ひとりの「語り」を通してみえてくる、ある種の普遍的とでもいえる形あるいは型のようなものがあるように思う。それを、生きられた経験としての「学び直し」の、ある種の一般性をもった構造と呼ぶことができるのではないだろうか。そして、その一般的な構造を導き出すことこそが、現象学的アプローチの目的である「個性記述的一般化」と重なるものと考える。そのことについては、本研究の総合的な考察として第6章にて述べる。

Fさんの大学院での学びについて、さらに語りは続く。

――修論（修士論文）は「コーチング」で書かれた？ 修論を提出されたときは、二年間やってまとめあげたという、そういう感覚みたいなところはありましたか？

F：まとめあげたということと、ある種、これでほんまにええのかな、という、コーチングという視点で教師教育を考えてたんですけど、それに対する逆にクエスチョンもありましたね。それまでは、コーチングはいいと思って、ずっとやってきてて、（現場の）先生方にコーチングしたものをデータとしてもち、それを解釈してということだったんですけど、それに対する、少し疑問というか、新たに発見できたかな。

修士課程で二年間の学び直しを終えたFさん。学び直しの経験によって、Fさん自身に何か変化があったのかどうかについても聞いてみた。

F：んー…、あの…学ぶとかいうことが、んー、楽しいなとか、学ぶということが、すごく人の人生にとって大切だな、ということがすごくわかりました。教師として、子どもたちに、学びなさいとか、学ぶっていいことだよ、と、言葉だけのものじゃなく、実感としていえるようになったりとかしたのかな、いうふうな。そこは変わったのかな、という気がします。

右記のFさんの語りに対して、聞き手および筆者としては、何も付け加えることはない。先に引用した、「ちょっと違う視点からみると子どもに対するアプローチも変わってきた」という語りに、その内実が集約されていると思われるからである。続いてFさんは、社会人があらためて大学院で学び直すうえでの課題について、以下のように語っている。

F：いやー、やっぱり時間、時間と…時間でしょうね。ちょうど、学び直したいという時期が、仕事のなかでも、責任を持たされたりとか、ようやく独り立ちして、戦力として、期待される。そんな時期であろうと思いますし、家庭の方も子育てとか、うちは子どもがいなかったので、そこについては、条件がよかったと思いますけど。いろいろ考えると、子どもがいたら、そういう踏ん切りというのがなかなか、多分できないという、思うんですけど、金銭的なものも当然ありますので。

――学費に関しては、どうされたんですか。

F：学費はほんとに家内には感謝ですけど。全部それは、子どもがおったと思って。あとで返してくれるんやろね、とずっといわれながら…返されへん…。

学び直しをするための時間と学費の捻出、それは社会人にとって大きく立ちはだかる課題といえよう。

Ｆさんの場合は、「やっぱり時間、時間と…時間でしょうね」と繰り返し強調するように、何よりも学びの時間を創ることが、いかに大変であったかということが語られている。

大学院を修了したことによって、その後のＦさんのキャリアに何か変化はあったのだろうか。

――いま、教育委員会におられますけど、大学院を修了されたことと、管理職への登用とか、そういうキャリアアップのルートのようなものはないんですか。

Ｆ：そうですね、それは関係ない感じですね。

――大学院を出たことによる人事的な影響はない？

Ｆ：あまりないと思いますけどね…多分ですけど。どうなんでしょうね…。それがあるからどうこうはないと思いますけど。委員会に来てる人は、付属（校）に行ったことがあるとか。内地留学に行って戻ってきた人もなかにはいますけど。あんまり関係ない感じはしますけど。

（中略）

あんまり関係ないですね。ただ、（自分の場合は）大学で働きたいなと思ってはいましたけどね、ゆくゆくは、という感じで。機会があればですけどね。そのために、挑んでいくとかアプライをしていく気持ちはなくて、どこかでそんなんに携われたらいいな、という程度くらいで。

## 三年空いて、博士後期課程へ入学

大学院修士課程を修了後、三年ほどのブランクを経て、Ｆさんは同大学院の博士後期課程に進学する。その動機は、研究そのものに対する興味関心があったことに加えて、修士課程在学時よりもさらに「違う視点」を得ること、そして「ゆくゆくは大学で働きたい」という思いもあったからではないかと思われる。博士後期課程に入学後の経過について、Fさんは以下のように語っている。

F：いまから考えると、修士で一回、コーチングの研究に区切りをつけて、それを（博士課程で）継続してということではなかったので。だから博士にはそれ（コーチングに関するテーマ）を持って入ってはいないんですよ。それを突き詰めて、さあ次というのはなく、いったん切れる感じです。

（中略）

やっぱり、そこからのスタートだったので、明確にこれをこうしてという、積み上げがなかったなかでの、ある種、探しながらのところがあったので、そこが厳しかったなあ、と。なので、一年目、二年目のところで、少し方針というか方向性も変わっていきましたし、軸としてるものがないので、スタートが切れないまま、二年、三年という感じになったのかな。まとめて研究するというところについては、課題というかできなかったかな、というところはありますよね。

――学校現場も忙しかったのではないですか。博士課程の在籍は何年？

F：三年。次もうちょっと延ばしてという話もありましたけど、まあたぶんその段階で、一緒だろうな、というか、一年延ばして行けるというところまで、行ってなかったので、それはそれで、というところでした。

――学位とか、修了とかいうところが着地ではなかったかもしれないけど、博士課程に行かれたこと自体は、ご自身でふりかえってどういうふうに評価しているんでしょうか。

F：最初の修士のところが、手法的なもので、（博士課程では）もっと根本的な思想であるとか、考え方であるとか、教育観とか。そのへんをいろいろと揺さぶってもらったなあ、考えさせてもらったなあ、とか。試行錯誤しながら、実際そのときも実践記録とか実践報告とか、自分で書いたりとかしてたんですね。学校でやってるものを使いながら、というふうなところで、まあひとつ、形にできたというところもあったので、研究的な手法に接しているので、ただたんに実践してるものを少しまとめて還元するというのを持ちながらやってたので、そこはジャンルが違ったりとか、教科、教育、いろいろあるんですけど、そこはけっこう充実してたのかな、と。

修士課程での学びとして、「違った視点」でみることとの重要性への気づきがあったことなどが語られていた。だがそれは、主に手法的なところでの学びであり、修士論文においてコーチングに関する研究をまとめ、ひとつの区切りを付けたとのこと。そのために、Fさんは博士後期課程に入学してから、それまでの研究活動を基に継続して取り組むテーマが無くなっていたことに直面する。そこからのスタートとなり、テーマを探しながらの在籍期間であったことを、「そこが厳しかったなあ」とふりかえっている。

Fさんには研究テーマの軸となるものが見いだせないまま、二年、三年と時間が経っていき、結局、満期退学をすることになる。それでも、博士後期課程での学びとして、修士課程のときよりも、「もっと根本的な思想であるとか、考え方であるとか、教育観とか。そのへんをいろいろと揺さぶってもらった、考えさせてもらった」と述べている。

また、通算五年間の大学院生活によって得られたものとして、「人とのつながり」を挙げて、次のように語っている。

F：人とのつながりですかね。院生仲間に学校（勤務校）に研修講師として来てもらったりとか、いろいろと相談させてもらったりとかね。そんなんが学校と研究をつないだりとか、いうふうなところの役割を担いたい、そう思ってたし、それができたというのは、非常に大きいな、と。それはこれからも、そういったパイプというか、視点を持てたというのは、多分、財産になるんだろうな…。

Fさんへの聞き取りの最後に、もしも、身近にこれから社会人大学院に行って学び直したいという人がいたら、何かアドバイスとか声を掛けてあげたいと思うことがあるかと問うてみた。少し間をおいて、Fさんは穏やかな表情で次のように語った。

F：……問題意識というのは、はっきり持つ、というところで。持ちながらも柔らかく受け入れるというか、これって決めて、これをしたい、というのは、ともすれば、ほかのものを受け付けない、となると思いますけど、それではあまり広がりがないというか、それを持ちつつもいろんな視点からみるとか、考え方を訊くというふうなんが、より自分の持ってるものを浮きだたせたりとかしてくるんかな、と思いますので、そんなんが必要だなと思います。

## 3　聞き取りと分析を終えて

### (1)　分析方法のふりかえり

六名の方の聞き取りを行い、またそれぞれの方の語りの最初の読者として、そこに私自身が触発するリアリティのようなものを感じた部分に触れながら、学び直しの意味や価値に迫ることを試みてきた。結果、学び直しという「生きられた体験」について、何らかの意義ある知見を提示できているのだろうか。手応えとしては、語りにおいては、新たな意味を帯びた何ごとかが生み出されているところがある

表5-1　社会人大学院修了者（研究協力者）のプロフィール

| 研究協力者 | 年代・性別 | 在学時の年齢（修士課程） | 研究科の分野* | 在学前後のキャリア変化等（転職等の変化は⇒にて表記） |
|---|---|---|---|---|
| Aさん | 60代後半・男性 | 40代後半 | 教育系 | 市役所職員 |
| Bさん | 30代前半・女性 | 20～30代（6年間在籍） | 福祉学（通信制） | 福祉系大学の実習助手 |
| Cさん | 50代後半・男性 | 40代前半 | 社会科学系 | 大学教員（キャリア系・任期制）⇒大学専任教員 |
| Dさん | 30代後半・女性 | 20～30代（2大学院） | 看護学<br>地域学 | 看護師～大学教員（看護） |
| Eさん | 50代後半・男性 | 20代後半 | MBA | 退職後、米国留学⇒コンサルタント会社へ就職 |
| Fさん | 40代後半・男性 | 30代 | 教育系 | 中学校教師 |

＊研究科の分野については，文部科学省の学校基本調査の分類と一致するものではない．

ものの、聞き取りや分析のあり方については、心もとなさを払拭し切れない部分があると感じている。

その要因は、やはり現象学的研究とは、第3章にて述べたように、「どのような方法が適しているのかは研究を始めてみないとわからない」（五一頁、松葉［二〇一四b：四］）というところにあるように思う。筆者の場合も、前節で述べた六名の方に対する聞き取りのあり方はそれぞれに異なっており、平準化とはならない多様な仕方で対話を行っている。

現象学的質的研究においては、同一の研究テーマのもとに行われる聞き取りであっても、研究協力者との相互作用のなかでアプローチが個別に成立していくものであることを実感する。そのため、本書の読み手にも何らかの混乱を与えているかもしれない。そこで、研究協力者六名の簡単なプロフィールを表5-1に整理しているので、参照願いたい。

たとえばBさん、Cさん、そしてEさんの聞き取りの分析に際しては、それぞれ「…かな」、「もうちょっと」「ええかっこうしい」、「笑い話」といった語り手の特徴的な言い回しや言葉遣いを手掛かりにして進めているところがある。また、Aさん、Dさん、Fさんへの聞き取りのように、どちらかといえば話の展開に耳を傾けながら全体の文脈を読み取ることに注力している。あるいは、たとえば「触発」（Aさん）というキーワードに着目して、語りを読み取ることを試みているケースもある。

一方、筆者の方から、たとえば「内発的な関心」（Dさん）という言葉を発してしまい、それに対して話し手が語りのなかで言及するといったこともあった。また、必ずしも記述に反映されているわけではないが、スクリプトを読み返すと筆者自身が意外なところで積極的に質問をしていた場面も散見された。

ただし、いずれの場合も、事前に意図して聞き取りの手法を決めていたわけではない。話し手との相互作用のなかで対話が動いていったものである。それこそが、現象学的アプローチという方法を用いることによって生じる、開かれた方法論的態度がもたらすものといえるのではないだろうか。現象学的研究とは、データにあらかじめ定められた分析を加えると一定の科学的な結果が得られる、という性質のものではないからである。

心もとない思いを抱くもうひとつの理由は、やはり、筆者自身が社会人大学院の修了者であるということによるバイアスの問題である。聞き取りに臨むにあたって、筆者は自らのうちに湧いてくる思考や感情をできる限り対象化し、自身の経験に「搦めとられない」ように心掛けたつもりである。

しかしながら、同じ社会人大学院の修了者としての対話から、共感的に理解可能な事象については語りを促進できた面はあったかもしれないが、筆者の意識が及ばないところで、先入観や予見によって研究協力者の語りを遮ってしまった可能性は、やはり否定できない。

それでも、本章で紹介した六名の方それぞれの語りに沿っていきながら、学び直しという「生きられた経験」の構造とその成り立ちについて明らかにすることに取り組んだ。詳しくは第6章にて述べる。

## （2）個性記述的一般化をめぐって

先述のように、現象学的アプローチによって「個性記述的一般化」を進めるには、聞き手としての研究者が、研究成果について読者との共通了解を得るために、語りのデータに対して自らが関係のなかで気づいた意識体験、あるいはそれに至った「確信の根拠」を示すことが必要であるとの考えがある。

その「確信の根拠」を西は、自然科学等における「経験科学的エビデンス」と区別して、「（体験）反省的エビデンス」と呼んだ（第3章六〇頁、西［二〇一五：一二四］）。それは、自分の体験を反省すると「確かにこうなっている」「そうとしかいえない」という確実性ないし不可疑性を重視することであり、特殊な条件のもとにおける一般性を探ること（構造の取り出し）につながるといえる。

そのために本研究では、他者（語り手）の合理性を尊重し、自然的態度をいったん停止して「事象そのものへ」還り、語りに沿っていくことを軸に据えた。そのうえで、学び直しをした人がそれをどのように体験しているかを内側から考察し、その人の体験世界の一般的な構造の取り出しを試みたものである。

結局、筆者が確信を持つための拠り所としたのは、語りを読み返すなかで、村上［二〇一六］による「触発力を持つ現象＝リアリティが生起する構造」として受け取った語りの内容そのものであった。つまり、意識に直接与えられるもののみを認識の確かな根拠とするという現象学の考えにもとづき、経験はあくまでも意識のなかでその意味を獲得していくものとみなしたのである。

ただし、こう記述するのみでは、語りのテクストに恣意的な解釈を施す方法に陥ることにならないのかという、疑問の余地がまだ残るのではないだろうか。そこで、本研究では最低限のチェック機能として、前項に掲載した聞き取りのテクスト・データとその分析をまとめた段階で、再び各研究協力者（語り手）に原稿のデータを読んでいただき、あらためて確認をしていただいた。そのうえで、社会人にとっての学び直し体験の一般的な構造の取り出しに取り組むこととした。

筆者のまとめた原稿に対して、分析の内容について異論を示された研究協力者はどなたもいなかった。ただし、研究協力者によるご指摘にもとづき、細かな文言の訂正やプライバシーにかかわる部分への配慮に関して、表記の仕方に修正を施したところがいくつかあったことを申し添えておく。

もう一点、筆者がこれまで携わってきたカウンセリング等の相談面接では、ケース記録等に話し手の非言語コミュニケーションの特徴を併記することも多い。しかし、本研究の聞き取りでは、非言語部分に関する記載はあえて最小限にとどめている。現象学的な視点に則り、できるだけ語りに沿って内側から記述するためには、筆者にとっては本研究においてその方法が適していると考えたからである。

Episode 3

# 社会人大学院修了者のOD問題

「大学院制度の弾力化」や「大学院重点化」によって、一九九〇年代以降、大学院生の数は格段に増えた。とくに博士課程をめぐっては、国が政策として、一九九一年度から一〇年間で大学院を倍増する計画を推進してきた。そこには、研究者としてだけではなく、専門知識や技能を備えた企業などでも活躍できる人材を輩出するねらいもあった。

そのことによって、博士課程在学者は一九九一年度の二万九九一一人から急増し、二〇一八年度は約七・四万人に上っているという。かつては「末は博士か、大臣か」と称えられたが、いまやユーチューバー人気の後塵を拝する、といった感じであろうか。博士号の学位は、昨今は「足の裏についた米粒」に例えられることがある。そのこころは、「取らないと気持ちが悪いが、取っても食えん」ということらしい。

実際、博士号取得後の状況は必ずしも芳しいとはいえないようだ。社会人学生や留学生を除く博士課程修了者の、二〇一二年度の進路調査によれば、就職したのは六六・九%にとどまっている。「その他」一〇・六%に続いて、アルバイトなどの「一時的仕事」が八・七%、「不詳・死亡」が八・〇%となっている。就職した人のうち、三割強は非正規雇用であり、収入面でも決して恵まれてはいないのだという。

右記のような事態に至ったのは、大学院重点化によって、学部定員を大学院定員に振り替えて大学院定員を急激に増加させたことにより、大学院生の質の低下を招いたことによるともいわれる。また、就職先が確保されないまま博士課程の学生定員を急激に増加させたため、大学院の博士課程の修了者（課程博士）の余剰を加速させ、若手研究者に深刻な就職問題を引き起こしたといえる。いわゆる「博士難民」の増加による「オーバードクター」の問題である。

近年は、実務経験のある人を大学教員へ登用するケースも増えてきている。二〇二〇年度からの高等教育無償化による制度的な後押しもあり、今後は、大学教員をめざして社会人大学院に進学する実務家もますます増加するのではないだろうか。なかには、正規雇用の仕事を辞めてから、研究職に就くために大学院に入学してくる人もいることだろう。

そうなれば当然、社会人大学院を修了した人のオーバードクター問題が生じてくるだろう。いや、すでにもう起きているのかもしれない。

ちなみに、文部科学省の学校基本調査［二〇一八b］では、「社会人」とは、①職に就いている者（給料、賃金、その他の経常的な収入を得る仕事に現に就いている者）、②給料、賃金、その他の経常的な収入を得る仕事から既に退職した者及び、③主婦・主夫、と定義づけられている。

# 第6章　考　察——生きられた経験としての学び直し

## 1 「語り」を通して見る学び直しの諸相

本章では、前章で紹介した「学び直し」の体験をめぐる語りについて総合的に考察する。本研究における聞き取りの方法は、先述（第5章第1節）のとおりである。聞き取りを行うにあたって、筆者はざっくりと、以下の四つの問いを意識して面接に臨んだ。それは、①学び直しの動機とそこに至る経緯、②学び直しの感想と自己変容について、③学び直し後の生活の変化とキャリアへの影響、④学び直しの課題、である。

実際には、右記の四つの質問すべてについてはっきりと問いかけをした聞き取りは、ほとんどなかった。というよりも、①の問いかけを除いて、研究協力者の語りの流れに沿って対話していくなかで、自然に四つの質問にも関連する内容が語られることが多かったため、あえて訊く必要がなかったといえる。

今回、計一五名の方への聞き取りを行ってみて、「学び直し」についての語りとは、限りなく生活史の語りに近いものであるという感想をもった。もちろん、社会人大学院での学び直しという、あらかじめこちらからテーマを設けたうえでの聞き取りであるが、「学び直し」の経験は、その人にとって人生の少なからぬ重要な部分を占めているということをあらためて感じた次第である。

ただし、本研究では、社会人大学院での学び直しという経験の共通項を示すことが目的ではない。あくまでも質的な研究として、その人にとっての「学び直し」の意味や価値に、現象学的な視点から迫ることにある。そのことを通して、「学び直し」という「生きられた経験」がどのような構造をもち、どのような成り立ち方をしているのかを明らかにすることをめざしているのである。

そこでここでは、語りの分析の手掛かりとして、右記の四つの質問項目のうち、主に①と②にかかわる内容を踏まえて、以下の四つの観点（項目名）を切り口に、学び直しという体験の諸相を記述する。社会人が大学院で学び直しを行うという体験の流れに沿って、語りをふりかえっていく。順を追って、語りのなかから該当すると思われる箇所をあらためてみていこう。

## （1）内発的な動機（？）による学び直し

この度の聞き取りにおいて、面接の冒頭ですべての研究協力者に私から投げかけたのが、「社会人生活を送るなかで、大学院でもう一度学び直そうと思ったきっかけと、学び直しに至る経緯を教えてください。」という内容の質問である。「学び直し」の動機、そしてその語りは多様であり、それぞれの語りにはさまざまな個別の事情が含まれている。

たとえば、Aさんの場合、公務員として福祉（生活保護）の仕事に携わりながら社会人大学院で学び直す動機について、次のように語っている。

Ａ：査察指導員になって、二、三年経ってからですね、なかなかこういう、対人援助ていうか、ケースワーカーさんへの支持的機能とか。そういうふうなことをやっていかなくてはならないと。で、ケースワーカー自身が困っているのをどうしていったら良いのかと考えるようになりました。そんな時期に、ちょうど、新聞を見たら文芸欄に社会人大学院の記事が載っていましてですね。（本書一八頁）

もともと、大学院に行きたいとの希望を抱いていたAさんだが、公務員として就職したことで、進学は諦めていた。しかし、「大学院制度の弾力化」により、勤務を終えてからでも学べる夜間大学院のことを知り、学び直しを決意した。また、Aさんが学び直しを志望した思いの背景には、「ケースワーカー自身が困っているのをどうしていったら良いのか」という、仕事をするなかで生まれた問題意識があったからと考えられる。

また、看護職として現場経験を経てから大学院で災害看護を学び直したDさんの場合、その動機について次のように語っている。

D：社会に出て、患者さんに対応するなかでいろいろと問題意識が持てるようになってきたのかな。専門性とか考えるときに、知識が要るな、と思って…。（一二三頁）

大学の実習助手として働きながら、通信制大学院で学び直したBさんは、次のように語っている。

B：もうちょっと勉強したいな、と思ったのと、視野が広がればいいのになと。このままでは手持ち無沙汰というか、何もやることがない（か）なって。そのころ同じ大学の友達も（大学院に）行っていて、勉強しているのを聞いたのも大きいかもしれないですね。（八八頁）

B：そうですね。自分はこうと思ってるけど、違う方法がもっとあるかもしれないので、その方法を知りたいとかいう探究心ですね。（八九頁）

聞き取りをさせていただいた研究協力者の語りから、一部を引用したが、これらのような自身のなかから生まれた学び直しに対する動機を、ひとまず「内発的な動機」と呼びたい。

一方、たとえば、大学教員の立場にあって、職場の要請によって大学院で学位を取得することを求められて「学び直し」を経験したCさんの場合は、「外発的な動機」による学び直しとなるだろうか。しかしながら、前章でも述べたように、その動機は単純に外からのものと言い切れないように思われる。直接の動機は外部から与えられたものであったとしても、その布置として、Cさんが「その人の人生にもうちょっと深く関わっていく」就職支援をしていくために、大学の事務職員を辞めてフリーランスの道を選んだからこそ、その流れのなかで学び直しが実現したともいえるのではないだろうか。そこには、すでに内発的な動機が働いていたと考えられなくもない。その結果、Cさんの語りにあるように、「いろんな偶然が重なって」学び直しへとつながっていったようにも感じられるのである。

C：ほんとうにあのー、偶発された、計画された偶発性じゃないんですけれども。まあいろんな偶然が重なって…。

（中略）

渡りに船みたいな偶然がありましてね。そして、その（現代）GP（第5章・注6参照）を通すためにプロジェクトに最初から入ってくれというので入りました。そのときに大学からいわれたのが、その間に大学院に行っといてくれへんかっていわれたんですわ。（一〇九頁）

内発的か外発的かというような、二項対立的な思考は、ともすれば「疑似自然科学的」［西 二〇一五］な共通項の誘惑に引っ張られることになってしまう。それよりも、学び直しの動機を考えるには、より全体をみる視点から、構造を探る観点で検討することが必要になってくると思われる。

そもそも、現象学の特徴は、「内側からの記述」を重視することにあるとされる。であるなら、一問一答形式の問いによって表出される事柄で判断する（分ける）のではなく、聞き取りで語られた内容のすべてを内側ととらえることで、語り全体との関係からみえてくるものもあると考えるが、いかがだろうか。

そこで、本研究では「学び直し」の動機について、千葉雅也による「環境のノリかえ」という視点から、勉強に関するいわば原理論を参照にしながら、次節にてあらためて考察することにしたい。

## （2）大変な状況での学ぶ喜び

働きながら学び直すことは大変である。また、仕事を辞めて学び直すことも、多くの人にとっては生活上のリスクを背負うことになる。いずれにしても、決して楽とは言い難い状況にあって、社会人大学院生は、活き活きと久しぶりの学生生活を過ごしているように思われる。何が彼・彼女らをそうさせているのだろうか。前章で紹介した六名の方への聞き取りによる語りから、順次ふりかえってみたい。

まずAさんは、次のように語っている。

A：勉強することは大変な思いでしたし、仕事しながら夜間のというのは精神的、体力的にも負担になったと思います。それから大学院の専任の教員から学ぶこともなかなか良かったのですけども、やっぱり、同期の仲間から得る知識というか、触発されることも非常に私自身には勉強になりました。そういうことで、けっこう、修士論文を書きあげることは苦労の連続で、年末年始徹夜したこともい

まは楽しい思い出となりました。無事大学院を修了できたことは感無量でした。（九六頁）

続いて、Bさんは次のように語っている。

B：時間はとっても大変、思ったより大変だった、スキマ時間でやるのとか。あとは、ウェブでやりとりをしたりするので、レス（返信）が早くとか、他の学生さんともインターネット上でつながって励ますとかがあったので、先生からすぐにコメントもらえたりするのは励みになったり、院生さんのつながりのネットワークのなかでみんながんばろうみたいな雰囲気だったので、くじけそうなときもあったけどその辺はなんとか。（九一頁）

また、Cさんは次のように語っている。

C：もう、学ぶ楽しさに尽きますよね。勉強ってさせられると嫌なものじゃないですか。生まれて初めてほんまにやりたい勉強、自分でやりたいと思ったことをやる楽しさっていうんですかね。至福の二年間ですよね、学ぶ。大変なんですけど、大変ななかでも、ほんとうに楽しい二年間をすごさせてもらったなっていうふうに思います。もう私はお金に換えがたい二年間やったような気がしますね。（一一三頁）

調査対象機関の都合により修士論文の作成が頓挫してしまったDさんだが、それにもかかわらず、次のように語っている。

D：すごい楽しかったです。めちゃくちゃ楽しかったです。この五年間。泣きましたよ、卒業できない、論文ゼロからやり直しなさい。一年で一二〇万ですから、学費が。車買えるぐらい払ってたので、海外研修も行っちゃったから、それで四〇万くらい飛んでるんで。三〇〇万近くそっちに払ってるんでね。あと一年きついな、泣きましたけど、すごく悩んだし。だけど、それも含め、勉強自体はほんとに面白かったです。自分の興味関心、純粋にそこだったんで。（一二六頁）

会社を辞めて、一九八〇年代に海外に留学したEさんは次のように語っている。

E：鍛えられましたよ。それはほんとに鍛えられたんで、それは卒業してはじめて、経営コンサルの仕事してはじめて、ほんとにやってよかったなと思ったのは、じつはね、個別のたとえば管理技術とかマネジメントの知識じゃなかったんですよ。というのは、アメリカって有名な話で、皆さん知ってると思うんですけど、ケーススタディなんですね。

（中略）

それってほんとに経営コンサルの仕事をするうえですごく役立ってるし、いまもやっぱり仕事だけじゃなくて自分の人生においてどう考えるかなんていうのは、同じような考え方をしてるかなって。

（一四二頁）

学び直しの渦中のことは「鍛えられた」といった筆者からのハードな表現に同意しているFさんだが、卒業後の経営コンサルタントの仕事に「すごく役立って」いて、いまも「人生においてどう考えるか」といったことにも学び直しの内容が大きく影響しており、「ほんとにやってよかった」とふりかえっている。

続いて、中学校教師（修士課程在学当時）のFさんは、次のように語っている。

F：先生方が、非常に私が興味をもっていろいろ聞きたいな、という先生が多かったので、その辺は楽しかったですね。勉強するというより、自分の悩みとかを一緒に考えてくれたりとか、こういうふうなアプローチでみたら、とか。そういったものがあったので、そういう視点で子どもをみるとか、教育をみる、というふうな、違った視点でみるとか、非常に学べたかな、それまでは一生懸命やってるけど、うまく行かないとか、ひとつの視点だけだったりとか。行き詰まりを感じるところがあったんですけど、ちょっと違う視点からみると子どもに対するアプローチも変わってきたりとかもしたので。それは非常によかったな、と思います。（一五五頁）

ここに紹介した六名の方全員が、決して楽ではない学び直しの状況のなかで、それでも学ぶことの喜びに触れる語りをしている。これは決して独学では得られない、社会人大学院という「学びの場」がもたらすものではないだろうか。「学びの場」がもつ意義については、メイヤロフのケアリング論における「場の中にいる」という概念を手掛かりにして、次節にてあらためて検討したい。

### （3）院生同士のつながり

前項でも複数の人の語りのなかで触れられていたが、「学ぶ喜び」にも大きく影響していると思われるのが、やはり学ぶ者同士のつながりやネットワークによる支え合いである。ここでも、六名の方の語りから、そのことに関連する語りの部分を順次ふりかえってみることにする。

まずはAさんの語りから再び引用する。

A：社会人大学院ですので、同期に入学された方もそれ相応に社会で一〇年以上のキャリアを持っておられる方が多く、いろいろな領域の方が院生としておられ、非常に私にとって触発されたということが、社会人大学院に行ってよかったなということでした。（九六頁）

続いてBさんは、次のように語っている。

B：スクーリングの一日目が終わったら、社会人恒例の飲み会が絶対ありますみたいなのが、学校から連絡があって、ちゃんと会費いくらです、今回はこの日です、このお店です、みたいな感じで行ってた。

——研究科の方から？

B：そうです。事務局がやってて、何日までに出席出してくださいね、みたいな感じで。

——すごいですね。

B：すごいですよ、だから先生も何人も来て、みたいな。

——まあ、でもそれが学び続ける力につながるというか…

B：そうですね。あんまりしゃべる機会ってないから、そういうところで話したりとかっていうつながりができていく感じは面白いなって思って。（九三頁）

Bさんの学び直しを支えていた大きな部分として、社会人大学院生同士の交流の一端が語られている。

そこにはまた、教員の参加もあり、当該大学院自体に社会人院生の学びを支援する取り組みがあることがうかがわれる。

Cさんの場合は、社会人よりも、学部卒業後にストレートで進学した学生が多い大学院だったとのことであるが、それでも次のように語っている。

——久しぶりに学生に戻られて、学生同士のつながりや交流みたいなこともけっこうあったんでしょうか。

C：めちゃめちゃ楽しかったですね。時間の流れ方が違うじゃないですか。もうね、とくに仕事をしてたときって、もうほんまずーっと仕事じゃないですか、当たり前ですけど。でも、勉強しているあのゼミの時間っていうのは、なんかこう同じ時間とは思われへんのですよね。ゆっくりと、すごい落ち着いた。勉強はしんどいですよ、でもなんかこう、なんともいえん楽しい、学部のときには感じれんかった、全然ちゃうんですわ。大学ってこんなんやってんなっていう実感がありましたよね。（一一三頁）

続いて、Dさんは、（筆者の感覚では）豊かな表現で次のように語っている。

D：まあ、それはそれは　楽しい、楽しい、知識の泉というか、先生とディスカッションし仲間と話をし、職場とちがう、年齢はばらばらでも、フラットな人間関係のなかで、いろいろ、可能性を感じたんです。意見をいいながら、みんなでなんかできる気持ちもすごくあったりして。授業以外の時間もとっても楽しくて。いつも脳が耕されるような。（学ぶことで）気持ちに肥料を与えてくれる感じです。気持ちがすごく開ける。今後、こういうこともできるんじゃないか、というような光を感じるような。

とっても楽しい、楽しい、替えがたい、五年間で。（一二六―一二七頁）

Eさんは、大学院生の仲間に「助けてもらった」という表現で、次のように語っている。

E：いままでもやりとりしてるクラスメートで何人かの人に助けてもらえなかったら本当に卒業できなかったなっていうのは正直あった。（一四一頁）

E：ストレートでほんとね、卒業できて。それはほんと周りの友達が助けてくれた。

（中略）

いまでも覚えてるのが一学期終わった段階でGPA2・6（4点満点中）くらいだったんですよ。ぐわーとか思って、そこからやっぱりこのままではダメだと思って、友達に助けを乞うて、で、彼らもやっぱり助けてくれて本気に自分が勉強しようと、夏休み終わって二学期から。（一四一―一四二頁）

そして、Fさんは筆者の問いかけに答えて、次のように語っている。

――一緒に学んでいる人たちが社会人で、多くはなんらかの現場にいる人たちということで、そのあたりは刺激になりましたか。

F：そうですね。色んな分野の人がいたので。大学がそれ（学際性）をめざしてやっていたところもありますけど、心理的にどうみるか、福祉的にどうみるかとか、あるいは立場の違う専門家で、でも子どもをみるのは一緒というところで、学校でむしろ現場で起きてるようなことを自分自身がどう解釈す

るかとか、そういうところは、すごくいい刺激を受けましたね。（一五五頁）

## （4）「モノの見方」の変化

これまでの三つの観点にかかわる語りにおいても、社会人大学院の修了者が学び直しを通して、それまでと違う視点の獲得、つまり「モノの見方」が変化したことに触れられている。ここでは引き続き、Bさん、Eさん、そしてFさんの語りから、さらに引用しておくことにする。

まずはBさんの語りから再び引用する。

B：（現実や状況を）少し冷静に見るようになったかな。現場にいるときは、誰かが悪いみたいな、組織のなかで上の人が悪いとか、何かができないからどうなんだっていう考え方が、少し勉強してからいまの現状とその問題になってることと、じゃあどうやったら解決できるのかなみたいな、ちょっと分けて考えて、解決に向けて具体的に考えていこうとする思考が勉強したからできたかなって。…問題は大変なことなんだけど、とりあえず整理をして、考えてみて、どうやったらみんながより良い方向に行くのかなみたいなところが入るようになったかな。（九〇—九一頁）

続いて、Eさんは次のように語っている。

E：やっぱりあの、職業に関しては、大学院で当然学んだこと、得たことがベースに、ある意味自分をきちっと世の中に示すことができる、仕事のしかたみたいなのを、ベースになってるのは確かですよね。大学院で学んだこと。それは絶対あると思います。とくにケーススタディの話しましたけど、自分なりのストーリーをやっぱり、僕らの仕事ってやっぱり理屈でものをどう積み上げていって、相手納得させるかっていうことだと思うんで、それは絶対役に立ってます。(一四八頁)

そして、Fさんは次のように語っている。

F:んー…、あの…学ぶとかいうことが、んー、楽しいなとか、学ぶということが、すごく人の人生にとって大切だな、ということがすごくわかりました。教師として、子どもたちに、学びなさいとか、学ぶっていいことだよ、と、言葉だけのものじゃなく、実感としていえるようになったりとかしたのかな、いうふうな。そこは変わったのかな、という気がします。(一五七頁)

三者三様の語り口ではあるが、いずれの研究協力者も学び直しを経験したことによる「モノの見方」の変化の内容に触れた語りであるといえよう。

社会人が大学院で学び直すことによってもたらされる変化とは、実利的なことよりも、「モノの見方」の方がじつは大きいのではないだろうか。だからこそ、内側から湧いてくる「学ぶ喜び」と直結しているのだと筆者には思われるのだが、いかがであろうか。

## 2 学び直しの構造

### (1)「環境のノリかえ」としての学び直し

社会人が大学院で学び直す動機はじつに多様である。そこには、前節でもみたように、たとえば職場等での行き詰まり感、雇用や昇格にかかわる職務上の事情、あるいは希望の実現といった、さまざまな個別の事情が絡んでいるといえる。

したがって、共通するものを安易に抽出して分類するといったことは控えて、「生きられた経験」としての学び直しの意義を考えるには、より退いたメタなところから（外側からという意味ではなく）、構造的なものを探る観点が必要になると考える。それこそが、経験の意味や価値に着目し、それをあらためて問い直し、日常生活においては自覚できていない意味経験の構造や成り立ちを明らかにしていく現象学的な質的研究といえるからである。

ここでは、二〇一七年に刊行されて、人文書としては異例のベストセラーになったとされる哲学者の千葉雅也著『勉強の哲学』［二〇一七a］における勉強に関する原理論を参照にしながら、社会人にとっての学び直しの構造や意義について検討してみたい。

千葉は、「本書は、ドゥルーズ&ガタリの哲学とラカン派の精神分析学を背景として、僕自身の勉強・教育経験を反省し、ドゥルーズ&ガタリ的『生成変化』に当たるような、または、精神分析過程に類似するような勉強のプロセスを、構造的に描き出したもの」［同書：二二二］だとしている。

「勉強とは、自己破壊である」という刺激的な言葉ではじまるこの本は、これまでの自分に新しい知識やスキルが付け加わる、という勉強のイメージを捨てて、自分を取り囲んできた環境への順応、すなわちこれまでの「ノリ」から自由になるための深い勉強（ラディカル・ラーニング）を提唱している。

したがって、勉強とは、かつてのノっていた自分をわざと破壊すること、となる［同書：二〇］。それは同時に、自分の殻を打ち破り、新たな自分自身へと変身していくことにつながる。しかしそれは、それまでの自分を失うことへの恐れを伴うことにもなるのである。

私たちは、ふだんそれとは意識することなく、会社や学校といった環境のコードに合わせて生きている。環境のコードとは、環境における「こうするもんだ」という、行為の「目的的・共同的な方向づけ」のことである。したがって、ノリとは、環境への「適応」、「順応」を意味する言葉である［同書：二六—二七］。勉強とは、そうしたノリから自由になって、別のノリに引っ越すことである。ただし、どんなにつらい環境でも、自分にはそのノリと癒着してしまっている面があるため、いまの環境のノリを疑って、批判的になる必要がある。

社会人がさまざまな動機から大学院に入学し、そこで学び直しをすることは、千葉による深い勉強のあり方である「いまのノリから別のノリへの引っ越し」と近似の構造をなしている体験であると考えられる。

筆者が本研究にて聞き取りをさせていただいた人の語りには、それぞれに個別の事情があるにせよ、その人が置かれている環境に対する何らかの問題意識や違和感にもとづき、いまの環境のノリから自由になることを求めて、社会人大学院での学びという、新たなノリの可能性に向かう志向やベクトルがあると思われた。

それは、キャリア教育を専門とするCさんや看護系学部教員のDさんのように、現在は大学の専任教員の立場であったとしても、将来的に学位を取得することを条件に、任期のない正規教員ポストの確保や昇格することが約束されている場合は、また違った意味で「いまの環境のノリから自由になる」必要に迫られている状況にあるといえるだろう。

「いまのノリから別のノリへの引っ越し」とは、ドゥルーズの概念になぞらえるなら、新たな自分へと生成変化させていくことといえるだろう。千葉は、別のノリに引っ越す途中での、二つのノリの「あいだ」で、私たちは居心地の悪い思いをするとしている。それは以前のノリと新しいノリの間で、自分が引き裂かれ、板挟みになるような状態となるからである［同書：四〇—四二］。

それは見方を変えれば、いままで癒着していた環境から自由になりつつある状態ともいえる。しかし、その渦中では、これまでの環境のコードから「浮く」ということであり、「ノリが悪くなる」ことになる。したがって、勉強によって自由になるとは、「キモい人」になることを意味する〔同書：六二〕。

しかし、別のノリに引っ越すことの一環として、社会人大学院での学び直しを志向する人の場合、たとえ職場などのいまの環境ではノリが悪い「キモい人」になっていたとしても、大学院で学ぶ時空間にあっては、仕事の利害関係もないなかで、背景の異なる院生同士はお互いにノリの悪さが気にならない関係でいられる。というか、むしろ、いわゆるキモい語りや言葉づかいであっても許容し合える場となっているのではないかと推測される。本研究の聞き取りにおいても、院生同士のつながりやネットワークによる支え合いについて、六名の研究協力者とも何らかの独自なエピソードを語っていた。

そして、この「キモい語り」のように、環境との癒着から解放されるためにカギとなるのが「言語」だという。千葉によれば言語は、環境の「こうするもんだ」＝コードのなかで意味を与えられる、となる。そのため言語習得とは、環境のコードを刷り込まれることなのである。したがって、言語習得と同時に、特定の環境でのノリを強いられることになる〔同書：三三〕。

そこで、環境のコードから自由になる、すなわちノリが悪くなると、言葉の使い方がぎこちなくなる。その違和感をしっかりと見つめて、言葉を道具としてではなく、玩具のように操作できるようになれば、たとえ周囲から浮いても、自由に考えられるようになるというわけである〔同書：四九―五二〕。

また千葉は、勉強を有限化することの重要性についても述べている。溢れる情報刺激のなかで、何かに焦点を絞ってじっくり考えることが難しい状況にあるからだという。いまやインターネットで調べれば、大抵のことはわかるようになっている。しかし一方では、何をどこまで調べればいいのかわからないといった事態に陥る可能性も否定できないし、ネット上の情報には信頼性の問題もある。

無限の可能性のなかでは、きりがなくなり、かえって何もできなくなる。このような状況だからこそ、あらためて教師の役割が役立つことになるのである。教師は、まずは「このくらいでいい」という勉強の有限化をしてくれる存在である。社会人大学院とはいうまでもなく学校であり、教師との関係が不可欠の場である。勉強の有限化ということでは、これ以上恵まれた環境は他にないといえるだろう。

もうひとつ、勉強とは、かつてノっていた自分をわざと破壊する自己破壊だとするなら、それには何らかの不自由さが伴うことになる。そのことについて千葉は、「不自由が、縛りが、快楽の源泉になる」とし、「私たちはいつでも、周りから課される制約のなかで、不自由をマゾヒズム的に耐えながら=楽しみながら生きている」と述べている〔同書：二二〕。

そうだとするなら、大変な状況にあってもがんばる社会人大学院生のメンタリティは、「不自由をマゾヒズム的に耐えながら=楽しみながら生きている」という心性と重なるところがあるのだろうか。それはともかく、社会人大学院で学び直すことは、「勉強の哲学」の実践のひとつのあり方になっているといえるように思われる。

### (2) 社会人大学院という「学びの場」がもつ意義

大学院で学び直しをするためには、時間、学費、仕事のやり繰りなど、かなりの資源やコストを費やしていると推測される。それにもかかわらず、社会人大学院生たちは活き活きと「学び直し」をしており、楽しげでさえある。その理由はいったい、どこにあるのだろうか。

これは、本書の冒頭、「はじめに」で投げかけた疑問である。

本来、大学院とは最も厳格に制度化されている（コード化された）教育研究機関（のはず）ではないだろうか。しかし、社会人大学院生にとっては、学び直しの時間や費用などを確保するため、日々大変な状況にあったとしても、活き活きとがんばれる場所になっているようである。

そのことについて、千葉に触発されて、ドゥルーズの概念を使って表現するなら、社会人大学院においては、院生はあまり組織化されることのない「器官なき身体」として、相互にキモい言葉を誰はばかることなく自由に交わすことができ得るのではないか。このように、社会人大学院とは、環境のコードが比較的緩い、職場等の日常生活とは別の非日常的な雰囲気が濃厚な異空間となっているものと考えられる。そこはまた、ある種の脱コード化された場となっており、院生同士はまるで「リゾーム」のように雑草の如く広がる関係をとり結ぶことが可能な場でもあるといえるのではないだろうか。

ここでは、前項とは少しトーンが変わるが、ケアの意味の考察で著名な、メイヤロフ（Milton Mayeroff, 1925-1979）の「場」の概念を手掛かりとして、社会人大学院という「学びの場」がもつ意義や機能について検討し、社会人がそこで学び直すことの意義について、あらためて考えることにしたい。

メイヤロフの唯一の著書『ケアの本質——生きることの意味』［二〇〇二］（*On Caring*, Harper Perennial, 1971）は、日本ではケアについて論じる際の最重要文献のひとつとなっている。とくに、医療や看護、福祉、教育といった対人援助分野においては、必読書といえるほどの重要な位置づけがなされている。

右記のようなイメージから、ケアの対象となるのは人間に限られていると思われがちのようである。しかしながら、メイヤロフはケアする相手を人に限定してはいない。そこでは、芸術作品あるいは観念や概念、さらには構想（idea）や共同社会もケアの対象となりうるとしている。それらは「成長する」という意味においては同じであり、すべてに通底するものがあると考えられている。

つまり、メイヤロフのケアリング論は対人援助だけではなく、「ケアすることは相手が成長し自己実現することを援助することである」という意味において、諸領域に通底する本質的なものについて述べているケアの原理論だということである。

高橋隆雄は、メイヤロフが一九六五年に発表した論文［＊1］について、「人間へのケアも哲学的構想へのケアも同じパターンを有するとされる。その同じパターンの記述がケアの現象学にほかならない」［高橋 二〇一三：一一六］としている。そのうえで、メイヤロフにとって、「哲学的構想は本来の生の原型といえるものであった」とも述べている［同誌：一二五］。

そのことを踏まえて、あらためて読みなおしてみると、たしかに、メイヤロフは対人援助におけるケアリングの具体的な方法論については述べていない。『ケアの本質――生きることの意味』にて展開されるのは、あくまでもケアの原理論である。メイヤロフは本書で、ケアとの関連において学ぶことの意義についても述べている［メイヤロフ 二〇〇二：二九］。

学ぶとは、知識や技術を単に増やすことではなく、根本的に新しい経験や考えを全人格的に受けとめていくことをとおして、その人格が再創造されることなのである。

筆者には、このメイヤロフの記述は、千葉による「深い勉強」の概念と通底するものがあると感じられる。そして、社会人大学院で学び直した人たちの語りから、聞き手としての私自身が受けとった、学び直しの構造とも相同的な関係があるように思われるのである。

また、メイヤロフの著書には、「場の中にいる」（being in-place）という語が頻繁に出てくる。この言葉は、メイヤロフのケアリング論の核心につながるキー概念とされる。本研究では、これまで対人援助に携わってきた筆者なりの視座にもとづき、この「場の中にいる」ということと、社会人大学院という

「場」で学び直すこととの構造的な類似点に着目している。そのことを通して、社会人大学院という「学びの場」の特性をより豊かに表現することを試みたい。

メイヤロフの理論において、「場の中にいる」とはどのようなことなのだろうか。彼自身は、次のように述べている［同書：一一五］。

私たちは全面的・包括的なケアによって、私たちの生を秩序だてることを通じて、この世界で「場の中にいる」のである。これは「自分にあわない場」から逃れ、自らの「場」を求めて「場の外にいる」ことと対照をなすものであり、このとき、人は「場」に対して無関心、無感覚となっている。

これは、一見すると前項で述べた千葉による勉強についての、「いまのノリから別のノリへの引っ越し」という概念と反対のことを意味しているように受け取られるかもしれない。しかし、そうではない。別のノリに引っ越すということは、新たな自分へと生成変化していくことであり、自分がいまいる場所から逃げ出すことではないからである。

千葉も、生成変化論の原理を論じるなかで、次のように述べている［千葉 二〇一七b：八八］。

生成変化は、自分の微粒子のあいだの関係の生成変化である。ゆえに、他者からの触発を必要とするとはいえ、生成変化とは、根本的に自己のテクノロジー（セルフエンジョイメント）である。

＊1　この論文は、邦訳『ケアの本質』において「付録Ⅰ　ケアすること」として訳出されている［メイヤロフ 二〇〇二：一八三―二一五］。

筆者の理解では、生成変化において、やはり自己の自発的な変容は不可欠の要件であると思われる。別のノリに引っ越す、すなわち環境との癒着から解放されるためには、環境のコードによる違和感をしっかりと見つめて、カギとしての言葉を道具としてではなく、玩具のように操作できるようになるということだ。そのためには、たとえ周囲から浮いても、自由に考えられるようになることをめざして、ある程度はそこにとどまることが大事であると思われる。それはいわば、その場にいながら環境との距離をとる、という感じであろうか。

千葉による「勉強とは、自己破壊である」ということは、それまでノっていた自分をわざと破壊することであるため、ポイントは自己の変容ということになるだろう。千葉も述べているように、絶対的な外部に脱出することは不可能であり、「結局、ある環境の外には、別の環境があるだけ」［千葉 二〇一七a：九〇］なのである。

また、ケアという言葉を聞いて、いわゆる「癒し」(healing) に近い印象を持つ人も少なくないのではないだろうか。そこからイメージすると、社会人大学院とは、ともすれば職場等での日常生活に疲れた人にとっての「癒しの場」のようにとらえられてしまうかもしれない。

社会人大学院で学び直すという経験は、もちろん自分がいま居る場所から逃げ出すことではない。たとえ職場等のいまの環境が「自分にあわない場」であったとしても、大学院は日常生活と隔絶されたユートピアではないし、現実逃避をして逃げ込める場所にはならない。もしそのようなつもりで進学したなら、幻滅するだけであろう。それでは「場の中にいる」ことにはならない。

メイヤロフの「場の中にいる」ことの検討に戻ろう。先に引用した言葉の後に、メイヤロフは「むしろこう言うべきだ」として次のように述べている［メイヤロフ 二〇〇二：一一五―一一六］。

つまり、自らを「発見する」人が、自らを「創造する」ことについても大いに力をつくしたと同様なやり方で、私たちは自分を発見し、つくり出していくのである。

私たちが、「場の中にいる」ということは、一度は逃れたものの、またその場へ戻っていくような、単にあきらめてそこにいるという状態ではない。ある根本的に新しいことが、私たちの生活の中に起こるのである。これはあたかも、ある人が自らの生に対して全面的責任を負うと決心したとき、その人の生に変化が見られるのに似ている。

ここでいう「場の中にいる」ということが、社会人大学院修了者への聞き取りで、前節でも多く語られた「学ぶ喜び」、そして『モノの見方』の変化」につながっていくような、可能性に満ちた「場」というイメージと重なるように思われるのである。

また、メイヤロフは、自己実現へと至る自己のケアの対象として不可欠な存在を、補充関係にある対象（appropriate others）と呼んでいる。「場の中にいる」とは、補充関係にある対象へのケアを中心にして、生が秩序づけられていることだとしている。したがって、自己と補充関係にある対象を発見し発展させることにより、自分自身を発見し、つくりあげていくことになるのだという〔同書：一二六〕。

メイヤロフは、このような「補充関係にある対象」を持ち、「場の中にいる」とき、人は自律するとしている。そして、「自律（Autonomy）ということは、私が自己の生の意味を生きることである、と言い換えられる。というのは、それは、私が生きている社会的・物質的条件によって設定されたある範囲の中で、私が自分の思うままに生きることを指すからである」〔同書：一六二〕と述べている。

さらに、メイヤロフは、「ケアは連続性を前提」とし、対象が一定でなくてはならないこととともに、ケアすることは「発展的過程を指しているから」としている。加えて、「場の中にいる」と感じるときには、そこには経験についてのある「濃度」というべきものが存在しているとも指摘している。ここでいう連続性や発展的過程などは、第4章で言及したジェンドリンの静的な実体よりも「過程」を重視するという視座を彷彿とさせるものであり、彼の「体験の流れ」への注目と重なるものがあるといえよう。

大学院では、少なくとも二年から三年間にわたり、院生同士が学ぶ場にいわば共存することになる。とくに社会人大学院の場合、これまで述べてきたように、社会人経験から生じた、何がしかの問題意識や現状への違和感を抱いて入学してきた人たちが少なからずいる。社会人大学院とは、そのような社会人が、日常的な環境の癒着からある程度解放された時空間において、継続的な「学ぶ喜び」や「相互触発」を体験しながら、「発展的過程」を経験できる可能性のある場といえるのではないだろうか。

## 3 課題と展望

本書の最後に、本研究の課題と展望を述べる。まずは、社会人大学院での学び直しにかかわる課題について。そして、本書の研究上の課題に言及したいと思う。

### (1) 学び直しにかかわる課題

大学院に限らず、社会人が働きながら学び直そうとする際に、最も大きな障壁となるのが費用と時間の捻出といえる。これは第1章第3節「学び直しの効用と課題」にて引用した、文部科学省の「社会人の大学等の学び直しの実態把握に関する調査研究」(二〇一六年)をはじめ、いくつかの量的調査の結果でも明らかになっていることだ。

本研究における聞き取りでも、学び直すための費用と時間を創りだすことに苦心したということが多く語られている。そのなかからいくつかを再び引用してみる。

たとえば、Aさんは時間のやりくりについて、次のように述べている。

Ａ：私、職場が五時一五分終業時間でしたので、大学院が五時五〇分からはじまるということで、一時間目の講義は相当遅れて出席になるので、履修可能かと心配になり、人事課と相談し三〇分早く退所させてほしい旨申し上げました。その結果週四日職務遂行に有益であるとのことで、職免という形式を取り、配慮をしていただき解決できました。（九八頁）

続いて、Bさんは時間と費用の捻出の大変さについて、それぞれ次のように語っている。

Ｂ：でもまあやっぱり時間が、本読んだりとか。比較的私はゆとりのある仕事というか、（研究と）関連してる仕事なので、とっつきやすさとか時間的余裕はまだあったかなとは思うんですけど、それでもやっぱりレポートに追われるとか、提出物に追われるとか。土日でスクーリングがあったりするので、金曜日まで働いて土日行ってってていうのがあるので、ゆっくりした休みっていうのがその期間は取れなかったりとか、そういうのはあって。（九二頁）

Ｂ：学費以外にも交通費だったり、土日で泊まるお金とか。そういうのとかが、そのときはあんまり考えてなかったけどけっこうお金がかかるなって。学費だけじゃないところにけっこう出ていくみたいなのがあって。だからそれも、ここだったらホテルが安いとか、そういう情報も院生さんで共有しながらだったり…。（九二頁）

また、Fさんも、時間と費用の捻出の大変さについて次のように語っている。

F：いやー、やっぱり時間、時間と…時間でしょうね。ちょうど、学び直したいという時期が、仕事のなかでも、責任を持たされたりとか、ようやく独り立ちして、戦力として、期待される。そんな時期であろうと思いますし、家庭の方も子育てとか、うちは子どもがいなかったので、そこについては、条件がよかったと思いますけど。いろいろ考えると、子どもがいたら、そういう踏ん切りというのがなかなか、多分できないという、思うんですけど、金銭的なものも当然ありますので。

――学費に関しては、どうされたんですか。

F：学費はほんとに家内には感謝ですけど。全部それは、子どもがおったと思って。あとで返してくれるんやろね、とずっといわれながら…返されへん…。（一五七頁）

これらの語りにもあるように、学び直しをするにあたって、時間と費用の問題は大きな課題となっているようである。教育ジャーナリストの木村誠も、その点について、「社会人が大学で学び直す場合、その費用と授業時間が問題となりがちだ。実際、それほど社会人学生数が増えないのは、概ねその二つがネックになるといわれる」と指摘している［木村 二〇一九：一五三］。

少子化により、大学は冬の時代を迎えて久しいといわれている。今後、大学は生き残りを賭けて一八歳だけではなく、学生確保のためには社会人をターゲットにしていかなければならない状況になる。いや、すでにその状況に突入しているといえよう。本書にて紹介した語りのなかにも、大学院側による社会人の学びを支援する取り組みや、教員の院生に対する配慮が垣間見える場面があった。

ただし、大学院側が目先の学生確保のために、ビジネスパーソンの学び直しによる生産性向上を想定したカリキュラムの整備に重点を置くとするなら、学びの目的が、「いまの環境のコード」にいかに順応し、勝ち残っていくかということに矮小化されてしまうのではないかと思われる。

実際、最近はかつての「レジャーランド」という呼称と対比して、いまの大学を「ビジネスランド」と呼ぶ人も出てきている［矢野 二〇〇八］。このことについて、木村も、たとえば典型的には経営学や会計学、法学などといった、「近年になって大学がビジネスで役に立つ教育・研究へ、就職あっせん所ともいえるあり方へとシフトし始めた現状を的確に評している」と指摘している［木村 二〇一九：一二五］。

このような傾向は、本書で考察してきた「いまのノリから別のノリへの引っ越し」（千葉）や「場の中にいる」（メイヤロフ）といった学び直しの意義とは、逆のベクトルを示すものといえる。千葉は、いまの大学は実学志向で教養軽視の風潮が強まっており、それは、「より従順な主体、言われた通りに動くような人間を作ろうという動きの一環に他なりません」と述べている［千葉 二〇一八：一五］。

本書は、もとより、政策提言を行うことを目的にしているわけではない。それでも、筆者としては、産業界の要請に応えて短期的利益を優先することより、いまこそリベラルアーツ（liberal arts）［＊2］により重点を置いた教育研究のためのカリキュラムが充実されるべきではないかと考えている。

内田樹は、リベラルアーツの本義として、「学ぶものが学びを通じて自分自身を解放していく、自分自身の生きる知恵と力とを高めていくこと」と理解している、と述べている［内田 二〇二一：二〇二］。まさに、リベラルアーツを学ぶことによって、これまでの自分の殻を打ち破り、新たな生き方へとつながっていくような、千葉のいう「深い勉強」を体験することが叶うものと思われる。

それとともに、社会人がより学び直しをしやすいような、夜間や土日の授業開講、学費をはじめとし

---

＊2　職業に直接結びつかない学問や芸術のこと。実用的な目的から離れた純粋な教養を意味する。

た費用の助成制度等の整備を更に進めること。そして何よりも、社会人の学び直しに対する企業等の職場の理解とサポートこそが、ますます必要になるといえるだろう。

## （2）研究上の課題

研究面での主な課題については、これまでにも触れてきたことだが、方法論としての現象学的アプローチによる語りの分析を通して「個性記述的一般化」を図るにあたって、「確信の根拠」をどのように示していくのかということである。やはり、方法が定まっているわけではない命題定立型の現象学的な質的研究においては、テーマや対象の特性に合わせて有効となる研究方法を、手探りで見つけていくしかないのかもしれない。

本研究は、もとより、社会人大学院に通う人とは、属性やパーソナリティ等がこういう人で、学び直すとこのようなメリットがあるなどといったことを明らかにしようとしたものではない。本書では、社会人が大学院で学び直すことの意味や価値に迫ることをめざしてきた。現象学的な視点による語りの分析を通して、「疑似自然科学」〔西 二〇一五〕とはパラダイムを異にする取り組みにより、学び直しの構造と成り立ちを明らかにするということについては、ある程度できたのではないかと感じている。

それでも筆者には、特殊な条件のもとで一般性を探るということにおいて、どのように「(体験) 反省的エビデンス」〔西 二〇一五〕を提示していくのかという問題が、まだ未解決の部分を含んでくすぶっているというのが正直な気持ちである。たとえ何がしかの学び直しの構造を示すことができたとしても、それが読者の腑に落ちるものとなっているかどうかは、それぞれの読み手の判断に委ねることになるからである。

筆者としては、本書で示した学び直しの構造が、「言語による図式の押しつけ」になっていないことを願うものである。ただ、学び直しに限らず、現象学的な質的研究において、その成果が読者にとって「腑に落ちる」体験をもたらすものになっているかどうかは、おそらく、そこで取り出された構造のあり様のみによるのではない。その構造ならではの、そこからまるで炙り出されてくるような何かが、語りを通して現れているかどうかにあるのではないだろうか。そして、その炙り出されているものこそ、触発力を持つ現象といえるのだと思う。

また、今回の聞き取りにおいて、研究協力者が在籍していた大学院研究科の分野に、いくぶん偏りがあったことは否めない。現象学的質的研究の対象としては、あえてバリエーションをもたせる必要はないととらえてはいるが、理工系の分野など、対象領域を広げることで、より豊かな語りと出会えるかもしれないとの思いを抱いている。

今回行った聞き取りにおいて、たとえばCさんの語りにあるように、誰かとの偶然の出会いがその人の学び直しのきっかけになるなど、大きな影響を及ぼしていることも珍しくない。これは本書にて紹介した六名の語りに限らず、筆者が聞き取りをさせていただいた一五名の語りにおいて頻出した話題であった。

そこで、今後また機会があれば、たとえば「偶然の善き出会いの組織化」と学び直しの関係や、学び直しをした人にとっての「出会いの意味づけ」といったテーマで、あらためて検討してみたいと考える。

# おわりに

本文を書き終えて、あらためて理想の学び直しの場とはどのようなところだろうと想像をめぐらせてみました。すると、デンマークのいわゆる「生のための学校」(School for Life)、フォルケホイスコーレのことを思いだしました。

デンマークには、大学院時代に一度訪れたことがあります。それこそ、学び直しをしていたころのことです。恩師の白石大介先生に引率されて、私的な研修旅行ではありましたが、一〇名くらいの社会人大学院生が参加しました。私自身は、当時はフリーの立場でしたが、仕事を持ちながら、皆よく行けたものだと思います。いまふりかえれば、当時共に過ごしていた社会人大学院生にとって、それだけ生活のなかで学び直しの優先度が高かったということなのでしょう。

フォルケホイスコーレ〔清水 一九九六〕とは、一七歳以上であれば誰でも学ぶことができる私立の学校です。そこでは、公的な補助を受けているにもかかわらず、カリキュラムは自由で、試験をせず、単位や資格も与えず、学びたいことを学生自らが探します。私もかの地で見学をさせていただき、大いに刺激を受けました。

修業期間は一週間から最長八カ月と短く、原則として全寮制であり、教師と学生が共同生活をして学ぶ。そこでは、「対話と相互作用」が重視されます。N・F・S・グルントヴィ(Nikolaj Frederik Severin Grundtvig, 1783-1872)によって構想され、今日のデンマークを築く原動力になったとされています。

いまや幸福度ナンバーワンの国として知られるデンマークは、高社会福祉や協同組合などに象徴される共生と平等の精神が国民の伝統として脈打っているとされます。そのような社会を背景として、フォルケホイスコーレは、知識や技術を教えるのではなく、社会的な自覚、生の意味を教える原則を貫いてこれたのだろうと思われます。

本書で述べてきたように、わが国で社会人が大学院で学び直すことの意味や価値観とも、通底するところがあるのではないでしょうか。「ノリの引っ越し」や「場の中にいる」といった、本研究で考察した学びの構造とも、近いものがあるように思われますが、いかがでしょうか。学び直しの場のひとつのあり方として、本書の最後に紹介しておきたいと思います。

ただ、いまの日本でフォルケホイスコーレのような形態と内実による学びの場が根付くことができるかといえば、それは正直なところ難しいといわざるを得ません。日本とデンマークの教育システムの違いはもとより、全寮制となると、いまの日本で社会人が学び直すには、現実的には無理でしょう。

それこそ社会構造の大きな変革でも起こらなければ、実現することは望むべくもないでしょう。社会福祉の分野では環境調整という概念がありますが、少なくともマクロな規模の社会的な調整が必要となることでしょう。

本研究を進めるにあたって、さまざまな方々にお世話になりました。まず、筆者の聞き取りに快く応じていただいた社会人大学院を修了した研究協力者一五名の皆さまに、心からのお礼を申し上げます。

大学院時代の恩師、白石先生をはじめ、ここに至るまでには、じつに多くの人にご指導いただきました。すべてのお名前をここに挙げる余裕はありませんが、唯々心より感謝いたします。ありがとうございました。

前著『ストレスとともに働く――事例から考える　こころの健康づくり――』〔齋藤勇記念出版賞（日本応

用心理学会〕受賞〕に引き続いて、今回も晃洋書房編集部の阪口幸祐氏には、本書の企画段階から完成までずっと支援していただきました。

最後に、いつもバタバタして落ち着かない筆者を、陰ながら応援してくれている家族に、本書を捧げます。

本書における聞き取り調査は、公益財団法人前川ヒトづくり財団から二〇一八年度に助成を受けた「学び直しの現象学的研究——社会人大学院修了者の『語り』を通して——」(研究課題番号 MHF2018-A007)の一環として行ったものです。ここに記して、あらためて感謝申し上げます。

また、本書の出版にあたり、流通科学大学の二〇一九年度研究成果出版助成費を受けました。なお、本編に記載したように、本書の一部は流通科学大学論集(紀要)に既発表の論考と重なっているところがあります。ただし本書への掲載にあたって、いずれも大幅に加筆・修正を施しています。

二〇二〇年一月

暖かい　穏やかな冬の日に

岩崎久志

閲覧日2020年1月6日).
――――［2017b］「大学における教育内容等の改革状況について（平成27年度）」http://www.mext.go.jp/a_menu/koutou/daigaku/04052801/1398426.htm（最終閲覧日2020年1月6日).
――――［2017c］「大学院部会（第81回） 資料5」http://www.mext.go.jp/component/b_menu/shingi/giji/__icsFiles/afieldfile/2017/07/24/1386653_05.pdf（最終閲覧日2020年1月6日).
――――［2018a］「平成30年度『職業実践力育成プログラム』（BP）の認定について」http://www.mext.go.jp/a_menu/koutou/bp/1411849.htm（最終閲覧日2020年1月6日).
――――［2018b］「学校基本調査―平成30年度結果の概要―」http://www.mext.go.jp/b_menu/toukei/chousa01/kihon/kekka/k_detail/1407849.htm（最終閲覧日2020年1月6日).
――――［2019］「専門職大学院制度の概要」http://www.mext.go.jp/content/1236743_005.pdf（最終閲覧日2020年1月6日).
文部省［1991a］「我が国の文教政策」（平成3年度）第II部第4章第2節1「大学設置基準の大綱化と自己評価」http://www.mext.go.jp/b_menu/hakusho/html/hpad199101/hpad199101_2_150.html（最終閲覧日2020年1月6日).
――――［1991b］「我が国の文教政策」（平成3年度）第II部第4章第2節2「大学院の充実（1）大学院制度の弾力化」http://www.mext.go.jp/b_menu/hakusho/html/hpad199101/hpad199101_2_151.html（最終閲覧日2020年1月6日).
谷津裕子・北素子［2012］「質的研究の結果は一般化できないのか？――質的研究における一般化可能性」『看護研究』45(4)：414-420.
矢野眞和「大学教育の効用」http://www.riasec.co.jp/seminar130511/obirin130511.pdf（最終閲覧日2020年1月6日).
――――［2008］「連載 『高校生のための大学政策』」「第6回 B型からA型に動く教育改革」daigakushinbun.com/post/views/454（最終閲覧2020年1月6日).
やまだようこ［2004］「質的研究の核心とは」，無藤隆・やまだようこ・南博文・麻生武・サトウタツヤ編『ワードマップ質的心理学――創造的に活用するコツ』新曜社，8-13.
ラングドリッジ，ダレン［2016］『現象学的心理学への招待――理論から具体的技法まで』田中彰吾・渡辺恒夫・植田嘉好子訳，新曜社.
鷲田清一［1997］『現象学の視線――分散する理性』講談社〔講談社学術文庫〕.
――――［2015］『「聴く」ことの力――臨床哲学試論』筑摩書房〔ちくま学術文庫〕.
渡邉美千代・渡邉智子・高橋照子［2004］「看護における現象学の活用とその動向」『看護研究』37(5)：431-441.

Parse, R. R. et al. [1985] *NURSING RESEACH Qualitative Methods*, Brady Communications Company, Maryland.
Rogers, C. R. [1957] "The Necessary and Sufficient Conditions of Therapeutic Personality Change," *Jorrnal of Consulting Psychology*, 21(2): 95-103.

――――［2015］『デカルト的省察』舟橋弘訳，中央公論新社.
『別冊宝島 わかりたいあなたのための現代思想・入門』JICC 出版局，1984年12月.
マクナニー，S.・ガーゲン，K. J. 編［1998］『ナラティブ・セラピー』野口裕二・野村直樹訳，金剛出版.
松葉祥一［2014a］「現象学とは何か」，松葉祥一・西村ユミ編『現象学的看護研究――理論と分析の実際』医学書院，8-16.
――――［2014b］「現象学的研究を学ぶために」，松葉祥一・西村ユミ編『現象学的看護研究――理論と分析の実際』医学書院，1-6.
三村尚彦［2011］「そこにあって，そこにないもの――ジェンドリンが提唱する新しい現象学」『フッサール研究』 9：15-27.
村井尚子［2000］「ヴァン＝マーネンにおける『生きられた経験』の現象学的探求」『京都大学大学院教育学研究科紀要』46：348-360.
村上陽一郎［2015］「科学の二つの顔」，桐光学園＋ちくまプリマー新書編集部・編『科学は未来をひらく〈中学生からの大学講義〉 3 』筑摩書房〔ちくまプリマー新書〕，11-41.
村上靖彦［2011］「応用現象学を学ぶ人のために――ごっこ遊びと自閉症児の並べ遊びを例に」，戸和田和久・出口康夫編『応用哲学を学ぶ人のために』世界思想社，148-158.
――――［2016］『仙人とデートする――看護の現象学と自由の哲学』人文書院.
村田久行［2000］「対人援助における他者の理解――現象学的アプローチ」『東海大学健康科学部紀要』6：109-114.
村山正治監修［2015］坂中正義・本山智敬・三國牧子編『ロジャーズ中核三条件〈一致〉』創元社.
メイヤロフ，ミルトン［2002］『ケアの本質――生きることの意味』（第10刷）田村真・向野宣之訳，ゆるみ書房.
メルロ＝ポンティ，モーリス［1967］『知覚の現象学 I 』竹内芳郎・小木貞孝訳，みすず書房.
――――［1974］『知覚の現象学 2 』竹内芳郎・木田元・宮本忠雄訳，みすず書房.
諸富祥彦［2009］「ジェンドリンの現象学」，諸富祥彦・村里忠之・末武康弘『ジェンドリン哲学入門――フォーカシングの根底にあるもの』コスモス・ライブラリー，103-149.
諸富祥彦・村里忠之・末武康弘［2009］『ジェンドリン哲学入門――フォーカシングの根底にあるもの』コスモス・ライブラリー.
文部科学省［2015a］「職業実践力育成プログラム（BP）認定制度について」http://www.mext.go.jp/a_menu/koutou/bp/（最終閲覧日2020年 1 月 6 日）.
――――［2015b］「大学等で学び直しを希望する社会人の皆様へ」http://www.mext.go.jp/a_menu/koutou/bp/1360307.htm（最終閲覧日2020年 1 月 6 日）.
――――［2016］「社会人の大学等の学び直しの実態把握に関する調査研究」（平成27年度「先導的大学改革推進委託事業」）http://www.mext.go.jp/a_menu/koutou/itaku/1371459.htm（最終閲覧日2020年 1 月 6 日）.
――――［2017a］制度・教育改革ワーキンググループ（第 3 回）配付資料「資料 2 社会人の学び直しの更なる推進に向けて」http://www.mext.go.jp/b_menu/shingi/chukyo/chukyo4/043/siryo/__icsFiles/afieldfile/2017/08/31/1394983_2_1.pdf（最終

――――［2001］『言語的思考へ――脱構築と現象学』径書房.
――――［2004］『現象学は〈思考の原理〉である』筑摩書房〔ちくま新書〕.
――――［2015］「人文科学の本質学的展開」，小林隆児・西研編『人間科学におけるエビデンスとは何か――現象学と実践をつなぐ』新曜社，1-60.
千葉雅也［2017a］『勉強の哲学――来たるべきバカのために』文藝春秋.
――――［2017b］『動きすぎてはいけない――ジル・ドゥルーズと生成変化の哲学』河出書房新社〔河出文庫〕.
――――［2018］『メイキング・オブ・勉強の哲学』文藝春秋.
土居健郎［1992］『新訂 方法としての面接 臨床家のために』医学書院.
ドゥルーズ，ジル・ガタリ，フェリックス［2006］『アンチ・オイディプス――資本主義と分裂症』宇野邦一ほか訳，上下巻，河出書房新社〔河出文庫〕.
――――［2010］『千のプラトー――資本主義と分裂症』宇野邦一ほか訳，上中下巻，河出書房新社〔河出文庫〕.
戸澤幾子［2008］「社会人の学び直しの動向――社会人大学院を中心にして」『レファレンス』（国立国会図書館調査及び立法考査局）12月号：73-91.
戸田山和久［2005］『科学哲学の冒険――サイエンスの目的と方法をさぐる』NHK 出版.
内閣府編［2018］『平成30年版　経済財政白書【縮刷版】』.
中木高夫・谷津裕子［2011］「質的研究の基礎としての《体験》の意味――Dilthey 解釈学の伝統を継ぐドイツ語圏の哲学者の文献検討とその英語・日本語訳の比較から」『日本看護研究学会雑誌』34(5)：95-103.
中田基明［2012］「現象学的・哲学的アプローチ」，日本人間性心理学会編『人間性心理学ハンドブック』創元社，40-45.
新村出編［2018］『広辞苑（第七版）』岩波書店.
西研［2015］「人間科学と本質観取」，小林隆児・西研編『人間科学におけるエビデンスとは何か――現象学と実践をつなぐ』新曜社，119-185.
西田絵美［2015］「メイヤロフのケアリング論の構造と本質」『佛教大学大学院紀要　教育学研究科篇』（佛教大学），43：35-51.
西村ユミ［2001］『語りかける身体――看護ケアの現象学』ゆみる出版.
――――［2007］『交流する身体――〈ケア〉を捉えなおす』NHK ブックス.
――――［2014］『看護師たちの現象学――協働実践の現場から』青土社.
――――［2017］「ケアの実践を記述すること／自らの視点に立ち帰ること」，西村ユミ・榊原哲也編『ケアの実践とは何か――現象学からの質的研究アプローチ』ナカニシヤ出版，22-44.
西村ユミ・山本則子［2015］「【対談】現象学とグラウンデッド・セオリー」『看護研究』48(6)：525-535.
ハイデガー，M.［2003］『存在と時間』原佑訳，中央公論新社.
藤原治美［1990］「ミルトン・メイヤロフのケア論と看護」『京都大学医療技術短期大学部紀要 別冊 健康人間学』（京都大学医療技術短期大学部），2：15-20.
フッサール，E.［1965］『現象学の理念』立松弘孝訳，みすず書房.
――――［1995］『ヨーロッパ諸学の危機と超越論的現象学』細谷恒夫・木田元訳，中央公論新社〔中公文庫〕.
――――［2009］『フッサール・セレクション』立松弘孝編，平凡社〔平凡社ライブラリー〕.

岸政彦・北田暁大［2018］「社会学は何をすべきで，何ができるのか」，岸政彦・北田暁大・筒井淳也・稲葉振一郎『社会学はどこから来てどこへ行くのか』有斐閣，95-152.
岸政彦・筒井淳也［2018］「データの正しさと〈相場感〉」，岸政彦・北田暁大・筒井淳也・稲葉振一郎『社会学はどこから来てどこへ行くのか』有斐閣，233-296.
木田元［1970］『現象学』岩波書店〔岩波新書〕.
――――［1989］「現象学」，木田元・丸山圭三郎・栗原彬・野家啓一編『コンサイス20世紀思想事典』三省堂，294-296.
木村誠［2019］『地方国立大学の時代――2020年に何が起こるのか』中央公論新社.
鯨岡峻［2006］『ひとがひとをわかるということ――間主観性と相互主体性』ミネルヴァ書房.
――――［2012］『エピソード記述を読む』東京大学出版会.
クラットン，リンダ・スコット，アンドリュー［2016］『ライフ・シフト 100年時代の人生戦略』池村千秋訳，東洋経済新報社.
黒羽亮一［1995］「日本における1990年代の大学改革」『学位研究』(学位授与機構) 3：3-41.
小泉義之［2005］『ドゥルーズの哲学――生命・自然・未来のために』講談社〔講談社現代新書〕.
國分功一郎・互盛央［2019］『いつもそばには本があった.』講談社.
榊原哲也［2017］「現象学と現象学的研究」，西村ユミ・榊原哲也編『ケアの実践とは何か――現象学からの質的研究アプローチ』ナカニシヤ出版，1-21.
――――［2018］『医療ケアを問い直す――患者をトータルにみることの現象学』筑摩書房.
桜井厚［2002］『インタビューの社会学――ライフストーリーの聞き方』せりか書房.
ジェンドリン，ユージーン T.［1982］『フォーカシング』村山正治・都留春夫・村瀬孝雄訳，福村出版.
――――［2009a］「フォーカシングを知らない仲間に語りかけるための，哲学的な５つのポイント」諸富祥彦訳，諸富祥彦・村里忠之・末武康弘『ジェンドリン哲学入門――フォーカシングの根底にあるもの』コスモス・ライブラリー，16-29.
――――［2009b］「フォーカサーのための哲学の車――1999モデル」諸富祥彦訳，諸富祥彦・村里忠之・末武康弘『ジェンドリン哲学入門――フォーカシングの根底にあるもの』コスモス・ライブラリー，12-16.
ジオルジ，A.［2013］『心理学における現象学的アプローチ――理論・歴史・方法・実践』吉田章宏訳，新曜社.
清水満［1996］『改訂新版 生のための学校――デンマークで生まれたフリースクール「フォルケホイスコーレ」の世界』新評論.
「特集/LIFE SHIFT 学び直し編」『週刊東洋経済』2018年２月24日号，14-47.
高木廣文［2011］『質的研究を科学する』医学書院.
髙橋隆雄［2013］「メイヤロフ――ケア論への道」『先端倫理研究』(熊本大学)，7：111-126.
田口茂［2014］『現象学という思考〈自明なもの〉の知へ』筑摩書房〔筑摩選書〕.
竹田青嗣［1989］『現象学入門』NHK ブックス.
――――［1990］『自分を知るための哲学入門』筑摩書房.

# 参考文献


浅田彰［1983］『構造と力』勁草書房.

荒川千秋・神郡博［1999］「看護相談場面のカウンセリング効果に関する研究」『富山医科薬科大学看護学会誌』2：133-142.

池見陽編［2016］『傾聴・心理臨床学アップデートとフォーカシング――感じる・話す・聴くの基本』ナカニシヤ出版.

稲垣諭［2018］『壊れながら立ち上がり続ける』青土社.

岩崎久志［2014］『看護・チーム支援に活かすカウンセリング――対人援助，多職種連携に必要なコミュニケーション技術』晃洋書房.

――――［2016a］「対人援助の実践についての現象学的考察」『流通科学大学論集――人間・社会・自然編』28(2)：13-28.

――――［2016b］「『生きられた経験』を明らかにする現象学的考察の検討」『流通科学大学論集――人間・社会・自然編』29(1)：11-28.

――――［2017］「対人援助の現象学的アプローチにおける実践者の姿勢とかかわり」『流通科学大学論集――人間・社会・自然編』29(2)：17-33.

――――［2018］「現象学的アプローチにおけるインタビューの検討――ライフストーリー研究を参照にして」『流通科学大学論集――人間・社会・自然編』30(2)：87-101.

――――［2019］「現象学的な質的研究の方法論に関する一考察――社会人大学院修了生への聞き取りに触れて」『流通科学大学論集――人間・社会・自然編』32(1)：13-29.

――――［2020］「社会人大学院での学び直しに関する一考察」『流通科学大学論集――人間・社会・自然編』32(2)．印刷中（全16頁）

ヴァン＝マーネン，マックス［2011］『生きられた経験の探求――人間科学がひらく感受性豊かな〈教育〉の世界』村井尚子訳，ゆみる出版.

ウィンスレイド，J.・モンク，G.［2001］『新しいスクール・カウンセリング』小森康永・田中春夫訳，金剛出版.

内田樹［2011］「最終講義」『文學界』65(4)：192-207.

尾崎かほる［2012］「クライエント中心療法」，日本人間性心理学会編『人間性心理学ハンドブック』創元社，281-283.

カーシェンバウム，H. V.・ヘンダーソン，L. 編［2001］『ロジャーズ選集』伊東博・村山正治 監訳，上下巻，誠信書房.

カント，I.［1961］『純粋理性批判（上）』篠田英雄訳，岩波書店.

岸政彦［2013］『同化と他者化――戦後沖縄の本土就職者たち』ナカニシヤ出版.

――――［2018］『マンゴーと手榴弾――生活史の理解』筑摩書房.

岸政彦・石岡丈昇・丸山里美［2016］『質的社会調査の方法――他者の合理性の理解社会学』有斐閣.

岸政彦・北田暁大・筒井淳也・稲葉振一郎［2018］『社会学はどこから来てどこへ行くのか』有斐閣.

《著者紹介》

岩 崎 久 志（いわさき　ひさし）

1986年　関西学院大学社会学部社会学科卒業

2000年　武庫川女子大学大学院臨床教育学研究科博士後期課程修了

出版社勤務，スクールカウンセラーなどを経て

現　在　流通科学大学人間社会学部教授

社会福祉法人神戸いのちの電話研修委員

博士（臨床教育学），公認心理師，臨床心理士，学校心理士SV

認定ガイダンスカウンセラー

主要業績

『心理療法を終えるとき』（共著，北大路書房，2005年）

『産業心理臨床入門』（共著，ナカニシヤ出版，2006年）

『事例でわかる　心理検査の伝え方・活かし方』（共著，金剛出版，2009年）

『教育臨床への学校ソーシャルワーク導入に関する研究 増補版』（単著，風間書房，2014年）

『ストレスとともに働く――事例から考える こころの健康づくり――』（単著，晃洋書房，2017年）齊藤勇記念出版賞（日本応用心理学会）受賞

『対人援助に活かすカウンセリング――チーム支援，多職種連携に必要なコミュニケーション技術――』（単著，晃洋書房，2020年）

学び直しの現象学

――大学院修了者への聞き取りを通して――

2020年 3 月20日　初版第 1 刷発行

＊定価はカバーに表示してあります

著　者　岩 崎 久 志©

発行者　植 田 　 実

印刷者　田 中 雅 博

発行所　株式会社 晃 洋 書 房

〒615-0026　京都市右京区西院北矢掛町 7 番地

電話　075(312)0788番㈹

振替口座　01040-6-32280

装幀　HON DESIGN（北尾 崇）　印刷・製本　創栄図書印刷㈱

装画　カズマキカク

ISBN978-4-7710-3319-1